经典全景二战丛书

血战太平洋

田树珍／编著

民主与建设出版社
·北京·

© 民主与建设出版社，2020

图书在版编目（CIP）数据

血战太平洋 / 田树珍编著 . -- 北京：民主与建设出版社，2019.7

（经典全景二战丛书）

ISBN 978-7-5139-2514-3

Ⅰ.①血… Ⅱ.①田… Ⅲ.①太平洋战争—史料 Ⅳ.① E195.2

中国版本图书馆 CIP 数据核字（2019）第 113439 号

血战太平洋

XUEZHAN TAIPINGYANG

出 版 人	李声笑
编 著	田树珍
责任编辑	刘 艳
封面设计	亿德隆文化
出版发行	民主与建设出版社有限责任公司
电 话	（010）59417747　59419778
社 址	北京市海淀区西三环中路 10 号望海楼 E 座 7 层
邮 编	100142
印 刷	三河市天润建兴印务有限公司
版 次	2020 年 5 月第 1 版
印 次	2022 年 6 月第 2 次印刷
开 本	710 毫米 ×1000 毫米　1/16
印 张	18
字 数	240 千字
书 号	ISBN 978-7-5139-2514-3
定 价	49.80 元

注：如有印、装质量问题，请与出版社联系。

目 录

第一章
突袭珍珠港

为战争而制造的谈判 / 002

突袭计划秘密出台 / 010

山本紧张备战 / 015

南云舰队出征太平洋 / 021

血染珍珠港 / 026

第二章
进犯东南亚

恶战马来西亚 / 042

攻占新加坡 / 047

血染菲律宾 / 052

兵进爪哇海 / 061

深入缅甸腹地 / 066

第三章
鏖兵珊瑚海

东京遭到第一次空袭 / 072

图拉吉岛海战初失利 / 079

　　"祥凤"号的沉没 / 086

　　日美航母大决战 / 089

第四章
中途岛的转折

　　山本设计新赌局 / 094

　　尼米兹中途岛设伏 / 101

　　南云舰队再打头阵 / 107

　　海上作战空中斗法 / 113

　　日军兵败中途岛 / 123

第五章
瓜岛争夺战

　　日军转入战略防御 / 134

　　日军失去瓜岛要地 / 139

　　三川舰队的疯狂反扑 / 145

　　一木支队全军覆灭 / 152

　　阻击登岛大决战 / 162

　　山本命丧所罗门 / 170

第六章
收缩"绝对国防圈"

　　"确保要域"的新战略 / 178

　　秘密撤离阿留申群岛 / 183

新乔治亚群岛的激战 / 187

日军败走莱城 / 196

孤立的腊包尔 / 200

兵败吉尔伯特群岛 / 203

马绍尔再遇"燧发枪" / 209

日军死守塞班岛 / 211

第七章

日军退守菲律宾

"捷"与"雷诺"的较量 / 218

莱特岛炮声响起 / 224

"武藏"魂断锡布延 / 228

山下奉文布防吕宋岛 / 239

最后的马尼拉 / 246

第八章

日本的末日

困兽鏖战硫磺岛 / 254

日本的门户大开 / 261

燃烧的日本列岛 / 266

核击广岛、长崎 / 273

日本天皇无条件投降 / 277

第一章

突袭珍珠港

为战争而制造的谈判

在一次午餐会上,山本五十六说:"我的个子比你们小,但你们不会要求只让我吃我盘中3/5的食物,你们会允许我根据我的饭量而吃的。"美国代表无言以答。

1934年9月,在赴伦敦参加海军裁军会议之前,日本政府给山本的使命是:反对现行各国军舰按比例限定的《华盛顿条约》;提出军舰总吨位平等的主张;规定"不威胁、不侵略"的兵力标准;退出华盛顿条约。

就在任命山本五十六为首席谈判代表的当天,日本政府向法国和意大利呼吁共同抵制英美。

10月25日,伦敦会议开始了。英国代表有英国首相麦克唐纳、外交大臣西蒙、海军大臣蒙塞尔、参谋长查特菲尔德和外交部参事克莱棋,美国代表有戴维斯大使、参谋长史坦德。

会议开始后,山本五十六提出修改日本与英美的主力舰3:5:5的比例,说以前在华盛顿和伦敦两次会议上所确定的比例并不合适,主张应该根据日本政府提出的新方案达成新的协定。英美两国的谈判代表坚决反对。于是,双方展开了争论不休的舌战。

首先,潜艇的存废问题成了双方争论的焦点。由于在主力舰方面的限制,日本对潜艇寄予很大的期望,但英国和美国却要求废除潜艇。

在无法达成一致的情况下,美国代表史坦德问山本五十六:"我们认为潜艇是攻击性武器,但阁下却说潜艇是防御性武器,倒请听听阁下的意见。"

山本五十六笑着说："关于潜艇的性能，阁下也是同行。阁下在年龄和经验等方面都是我的老前辈，我想自然比我更加清楚。从续航的能力上看，潜艇比驱逐舰大，然而从构造来讲，海员的生活和粮食的贮存等比不上驱逐舰。潜水艇不适应深入敌国海域作战，在近海防御入侵的敌舰是潜艇的主要任务。害怕潜艇，就像小偷害怕院子里的看家狗一样，只要不进院偷东西，就不用害怕被狗咬到。这是我把潜水艇看成防御性武器的理由。"

在会议上，英国海军参谋长查特菲尔德看穿了日本想废除条约，但不想担负破坏会议之责的意图。于是，查特菲尔德向美国代表施加压力，要求美国代表作出让步，看日本代表还有什么招数可使。

然而，美国代表不肯让步，他们生气地说，美国海军必须分散在大西洋和太平洋上服役，因此美国无法接受总吨位与日本相等的方案。但山本五十六坚持要求完全对等。

在一次午餐会上，山本五十六说："我的个子比你们小，但你们不会要求只让我吃我盘中 3/5 的食物，你们会允许我根据我的饭量而吃的。"美国代表无言以答。

会议快结束时，山本五十六奉日政府之命提出取消航空母舰的戏剧性建议。美国代表戴维斯知道山本五十六是大力倡导"空海主义"的，所以认为抓住了山本五十六的弱点。戴维斯笑着说："我曾记得，山本将军做过航空母舰'赤城'号的舰长，还当过航空战队的司令官。像阁下这种身份的人，竟然会说出废除航空母舰的话，简直让人不可思议。"

山本五十六笑着说："对，我担过航空母舰的舰长和航空战队司令，因此我才更加体会到飞机的巨大威力和在今天已经有的长足进步，日后将呈几何式的发展。到时，航空母舰势会变成舰队的主力，它的威力是巨大的。航空母舰在战斗中发起的进攻，会给人类造成巨大的不幸，一想起这些就让我胆寒。所以我主张废除航空母舰。"

戴维斯对山本的话无法辩驳，他对身边的人说："不知道是我的口才不如休斯，还是山本五十六的口才比加藤友三郎高。华盛顿会议时，是休斯掌握着谈判的主动权，而目前却刚好相反，山本五十六掌握着谈判的主动权。"

在英国，英国媒体对山本五十六进行了大量报道和广泛宣传，说山本五十六说话时的笑容是"钢铁微笑"。英国前首相劳合·乔治听说后，在家里邀请山本五十六。在谈话中，乔治对山本五十六说："戴维斯说他在华盛顿见到的小鸟，已经变成老鹰了，而我却不这样认为，我认为，你是一只伦敦之鹫。"

不论山本五十六是怎样的能言善辩，他所提出的扩张要求的本质却是无法狡辩的。美国代表发现了日本政府的意图后，立即表示愿意就这一问题与日本商谈。结果，狡猾凶猛的"伦敦之鹫"山本五十六也没有办法了。

华盛顿会议

山本五十六知道美国代表想把日本朝单方面撕毁华盛顿条约的不利处境里逼。他连忙电告日本政府。本来山本五十六自认为凭借出色的判断力和口才能够赢得谈判。在出发前，海军军官们为他举行了欢送会，在会上，山本五十六要求授权："在符合谈判原则的前提下，请赋予我根据谈判的具体情况，在不向国内请求的情况下做出某项决定的权力。"这次被美国代表逼入死角，山本五十六也黔驴技穷了。

日本政府接到山本五十六的电报后，于12月29日废除了海军限额条约，导致伦敦裁军预备会谈散会。1936年1月15日，日本正式退出伦敦裁军会议。各国开始了无限制的海军军备竞赛时期。

1937年7月7日，侵华战争全面爆发，日本的行径严重损害了英国和美国在中国的权益。1939年9月，美国宣布1940年1月26日到期的《日美通商航海条约》将不再续约。

1939年，山本五十六出任联合舰队司令长官，同时兼第1舰队司令长官。献身天皇的使命感使山本五十六的心情十分沉重。就职仅两天，第二次世界大战爆发了，鬼差神使，让这位生性好斗的战争狂人有了展示"才华"的用武之地。

1939年9月5日，山本五十六向联合舰队的4万名官兵发表讲话："目前欧洲的形势，是世界再次出现大乱的兆头。在这一混乱的形势下，我深感帝国海军的责任重大。希望全体官兵全力合作，昼夜兼练，以保持联合舰队的战斗力，肩负保卫国防的重任，不辜负天皇陛下的厚望。"

为了应对可能发生的战争，山本五十六下令恢复联合演习，并亲自主持了联合舰队的日常训练。他还针对欧洲战局的发展，尤其是美国海军的发展以及美国太平洋舰队对日本构成的强大威胁，在东卡罗林群岛至马绍尔群岛部署了新的防御线。

1940年7月26日，日本近卫文麿内阁通过了《基本国策纲领》，德意日三国同盟的问题提上了日程。听说以后，在海上指挥训练的山本五十六非常震惊，他反复上书吉田善吾海军大臣，说出与德意签署同盟条约的巨大危害，指出为了避免与美国交战，绝不能与德国结盟。

可是，吉田善吾也无法阻止同盟条约的签署。虽然山本五十六在海军首脑会议上坚决反对，可新任海军大臣和川古志郎仍然通过了海军同意三国同盟条约的决定。

9月27日，三国同盟条约在柏林签订，这是继1937年签署三国反共同盟协议之后的又一次"合作"。条约规定，三国中任何一国遭到攻击，三国必须用一切手段相互支援。就这样，日本主动爬上了德意战车。

在一次会谈中，山本五十六对近卫文麿首相说："若必须打仗的话，在开始的半年或者一年中，还有打胜的实力。若打持久战，一旦拖上二三年，我就无能为力了。不过，我仍然希望政府尽量避免与美国交战。"看来，山本五十六的心情十分矛盾。

1940年，德军在西欧屡屡得手后，又准备强渡英吉利海峡攻占英国，英国、法国和荷兰在东南亚的殖民势力被严重削弱。日本发现，夺取东南亚时机已到。日本妄想夺取英国、法国和荷兰的亚洲殖民地，解决石油等资源危机，以保证长期战争的需求。

对日本攻占东南亚的政策，美国表示决不会让出日本想要独占的太平洋地区。日本排除了美国和英国的"干涉"，攻占了法属印度支那、荷属东印度和英属新加坡，建立了以日本为主，环绕东南亚和西南太平洋地区的"大东亚共荣圈"。日本的做法严重地损害了美国在太平洋地区的利益，使日美的矛盾激化了。

日本早就想扩大侵略，发动太平洋战争，但由于日本深深地陷入中国发动的持久战之中，马上发动太平洋战争还有重重困难。

由于美国奉行"先欧后亚"的战略方针，在太平洋地区没有做好战争准备，也不想立即向日本开战。这时，日美双方都想改善与对方的关系，求得暂时的缓和，以便争取足够的时间为战争做准备。

共同的渴求使日美两国再次走到谈判桌上。1941年4月16日,美日两国秘密谈判开始了,美国国务卿赫尔和日本驻美大使野村吉三郎分别代表本国政府开始了艰难的谈判。

因为双方在根本利益上分歧太大,谈判桌上争论不休,陷入了僵局。

1941年7月2日,日军在东南亚南部登陆,美国中断与日本的谈判。7月24日,美国总统罗斯福警告日本:如果日本继续向荷属东印度推进,那就是远东的全面战争。罗斯福表示,希望以石油换取美国在东南区的中立,维持太平洋地区的和平。

日本不顾美国的反对,仍然派兵攻占了法属印度支那南部。

7月26日,罗斯福发表声明,宣布冻结日本在美国的一切资产,防止日本利用美国的财政金融设备以及日美间的贸易损害美国的利益。

同时,英国废除了《英日通商航海条约》《印日通商条约》和《缅甸日本通商条约》。荷兰废除了《日荷石油协定》。

7月28日,日本采取报复措施,宣布冻结美英两国在日本的一切

罗斯福

资产。

8月1日，美国宣布对所有侵略国家，尤其是对日本实施石油禁运，宣布除了棉花和粮食以外，禁止所有物资出口日本。

8月15日，美国宣布禁止所有货物出口日本。

至此，日美间的一切金融、贸易活动都停止了。日美秘密谈判再次陷入僵局。两国的关系接近断交。

美国对日本实施了全面禁运，这对资源匮乏的日本来说是致命的。为了得到荷兰的东印度群岛年产量800万吨石油的油田，东南亚的橡胶、锡、铁、铝、大米等资源，日本把自己置于第二次世界大战的前沿。

1941年10月18日，东条英机成为日本新首相，东乡茂德担任外相。东条内阁组阁后，推行全面的战争政策，准备在谈判破裂时采取战争行动，因此这时的谈判已经成了掩护其战争意图的烟幕和争取时间的缓兵之计。这样不怀好意的谈判肯定会破裂，只是时间迟早的问题。

11月1日，日本统帅部与政府联席会议决定，一面继续谈判，争取日美达成协议，一面做好战争准备。

11月5日，日本御前会议决定，决心向美国、英国和荷兰开战，日期为12月初，对美国谈判仍然继续。

根据这个决定，东乡茂德致电野村吉三郎，命令他首先向美国代表提出日本的甲案，若美国无法接受，就提出作为最后方案的乙案。日本又派来栖三郎特使帮助野村与美国代表谈判。

11月7日，野村向美国代表赫尔递交甲案。

11月14日，美国拒绝了甲案。

11月26日，赫尔对野村吉三郎和来栖说，美国不同意日本的乙案。赫尔将《美日协定基本纲要》的草案，包括4点口头协议和10点备忘录交给野村和来栖，即"赫尔备忘录"。

赫尔备忘录的要点是：为了签署新的贸易协定和解冻资金，提出以下条件：日美两国共同遵守美国长期主张的各项原则，两国倡导一切与远东地区有关的国家签署互不侵犯条约；日本、美国、英国、中国、荷兰缔结互不侵犯条约，日本从中国和法属印度支那撤出所有的军队；日本撤销对汪精卫政府和满洲国的承认；日本撕毁《德意日三国同盟条约》。当日本接受了以上方案后，日本的资产会被解冻，互相实行最惠国待遇，签署贸易协定。

11月27日，日本政府经过商论后认为："赫尔备忘录"是美国对日本的最后通牒；日本无法容忍"赫尔备忘录"；美国已经决心要与日本交战。

11月28日，日本政府电令野村吉三郎："'赫尔备忘录'是对日本的无理建议，日本政府不能以此作为谈判的基础。日本政府对'赫尔备忘录'的答复，两三天内就会通知大使先生。日美谈判可能因此而破裂，但不能给美国代表留下中止谈判的不良印象。"

11月30日，日本政府通知驻德大使："请阁下马上会见希特勒总理，并对他说……日本与盎格鲁—撒克逊民族之间有突然爆发战争的极大危险，并告诉他这场战争的爆发时间可能比想象的还要快。"

就在美国提出"赫尔备忘录"的11月26日，日本偷袭珍珠港的海上编队已经启航了。

12月2日，日本统帅部和政府召开联席会议，商讨在什么时间、用什么办法把宣战书递给美国，达到先宣后战，要在一开战就获得最辉煌的战果。

华盛顿时间12月7日14时10分，日本政府致美国政府备忘录的最后一部分发到华盛顿。日本政府规定，这份备忘录不能用打字员打字，必须在华盛顿时间7日13时（东京时间8日3时）准时送给赫尔。

这个时间距离日本规定对珍珠港发起攻击的时间只有半个小时。事实上，因为需要办理手续，野村和来栖于7日14时10分才把备忘录递给赫尔，当时日军飞机的炸弹已经在40分钟以前落到了珍珠港。

突袭计划秘密出台

迫于这种严峻的形势，山本五十六决心采用思考已久的攻击珍珠港的方案：刚开战时，抓住良机，不惜投下血本，对夏威夷珍珠港的太平洋舰队发动突袭，重创美舰队。

1940年11月，山本五十六晋升为海军大将。为了响应政府进攻东南亚的号召，他率联合舰队开始了攻打荷属东印度群岛的图上演习。在演习时，山本五十六认识到，若对荷属东印度群岛动手，英国和美国是不会不管的。

迫于这种严峻的形势，山本五十六决心采用思考已久的攻击珍珠港的方案：刚开战时，抓住良机，不惜投下血本，对夏威夷珍珠港的太平洋舰队发动突袭，重创美舰队。

1941年，美国向日本全面禁运以后，日本政府认为除了与英美决一死战，已经没有其他选择了。

山本五十六也全身心地投入到怎样打败美国的计划之中了。

根据当时日本海军的普遍观点，与美国交战时，美国舰队远渡重洋而来，日本用潜艇和陆基飞机不断消耗它，等到它的实力削弱到与日本海军的力量相等时，日本海军抓住有利时机，夺取海战的胜利。就是在马绍尔群岛以北、马里亚纳群岛以西与美军太平洋舰队进行决战。

山本五十六认为，以现在的条件来看，这种观点是不现实的。如果美舰队躲开了日本飞机的轰炸，而且出动机群轰炸日本舰队呢？山本五十六在多次海上演习、图上演练和兵棋作业中发现：传统打法很难歼灭美海军舰队，战争一旦拖上二三年，以美国的强大经济实力和军事实力，日本是不可能取胜的。

山本五十六认为，不管是国力还是军力，日本都不能与美国长期对抗，若打消耗战，日本除了战败，没有别的结果。若想在日美战争中获胜，唯一的正确选择，就是突然袭击美国舰队。在美国舰队毫无准备的情况下，使美国海军遭到重创。

这种打法很可能使自身遭到巨大损失，那也比被美国长期封锁经济强多了。在这一思路的影响下，山本五十六开始策划偷袭美国海军的计划。

1941年1月7日，山本坐在停泊于广岛湾柱岛的"长门"号上的座舱中，用了9页海军格纸，给和川古志郎写了一封《关于战备的意见》的长信。山本第一次正式提出了酝酿已久的关于夏威夷海战的计划。

山本在信中完全否定了在西太平洋迎击美国舰队的方案，否定以舰队决战消灭美国舰队的战略思想，转而主张"开战之初，就立即击沉美国太平洋主力舰队，挫伤美海军及美国人的士气"。

山本在信中列出了执行这个方案的几种情况：

第一，在美太平洋舰队主力舰大部分停泊在珍珠港内时，用飞机队彻底将其击沉，封锁珍珠港。

第二，在美太平洋舰队主力舰停泊在珍珠港外时，同上处理。

第三，在美太平洋舰队主力舰从夏威夷出击并发起时，派决战部队迎击，将其一举歼灭。

不过，山本五十六并没有忽视日本的主要目标。山本五十六认为："夏威夷作战应与菲律宾、新加坡方面的作战同一天进行。只要歼灭了美太平洋主力舰队，菲律宾以南的部队就会失去抵抗力。"

"虽然夏威夷作战损失或许非常大，但若日本海军对其采取守势，等着美舰队来进攻，那么美舰队就很可能袭击日本本土，炸毁东京和其他大城市。若发生这种事情，日本海军会受到舆论的谴责，国民的士气会跌落。"

山本五十六认为，"尽管这次作战的成功并不容易，可是有关将士如果密切配合，以死效忠天皇，上天会保佑日本海军获胜的。"

信的结尾处，山本五十六提出了他的请求："卑职希望能够亲自担任进攻珍珠港的航空舰队司令长官，指挥此次作战。"

山本五十六主张在战争初期就用先发制人的偷袭，歼灭美国太平洋舰队的主力，再不断地发动进攻，不断打击美军，不给美军重新崛起的机会，然后体面停战。

山本五十六是日本海军航空兵专家，他自然想到的是出动航空兵偷袭美国太平洋舰队的驻地珍珠港。

夏威夷群岛距离日本有3000海里，若想击溃夏威夷的美国太平洋舰队，就必须动员大量的机动舰队，在袭击以前，若被对方巡逻机发现，会

日军偷袭珍珠港之前，从内陆方向看到的美军潜艇基地

有被消灭的危险。把航空母舰投入这次偷袭行动之中，到底值不值？

5月7日，在东太平洋举行大规模演习的美国太平洋舰队，并没有像往年那样回到西海岸，而是接到就地停泊在珍珠港的命令。美国总统罗斯福想利用太平洋舰队对日本施加压力。

然而，罗斯福没有料到，正是他的这一决定，激起了山本五十六偷袭珍珠港的决心。

1941年9月29日，第1航空舰队司令南云中将和第11航空舰队司令琢原二四三中将通过商谈，表示反对偷袭珍珠港的计划。

10月3日，南云中将和琢原二四三派各自的参谋长草鹿和大西去联合舰队司令部向山本五十六提出反对意见。很快，草鹿和大西都被山本五十六说服，同意了偷袭计划。

面对日本统帅部的反对，山本五十六经过几次劝说，后来干脆以辞职相威胁，通过天皇的弟弟海军中佐高松亲王，把计划书直接呈递天皇，获得天皇的"恩准"。

1941年10月19日，日本统帅部批准了计划。这时，距珍珠港战役仅有50天。

偷袭珍珠港的计划把所有的细节都考虑得十分周密。在兵力的编组上，不仅必须具有强大的突击能力，还必须避免编队太大而被美军发现。最后规定为6艘航空母舰、2艘战列舰、2艘重巡洋舰、1艘轻巡洋舰、11艘驱逐舰、3艘潜艇、3艘油船，共33艘舰只。舰载机一共423架，其中354架担负突击任务，其他69架飞机负责保护整个编队的安全。

负责攻击的兵力分成突击编队和先遣编队，突击编队司令是海军中将南云忠一。

先遣编队由第6舰队司令清水光美中将率领，比突击编队先出发。

为了保证两大编队的紧密配合，山本五十六规定直到攻击开始前4

天，统一由南云忠一率领。

在航线的选择上，从日本驶抵珍珠港有3条航线：第一条是经过阿留申群岛的北航线；第二条是途经中途岛的中航线；第三条是途经马绍尔群岛的南航线。

3条航线都有利弊，北航线离美军岸基航空兵的飞机巡逻范围较远，一般没有商船航行，便于隐蔽，然而气候太恶劣，风大浪急，海上加油十分困难。而中、南航线，气候便于航行，但来往商船太多，距离夏威夷群岛太近，容易被美军发现。

权衡利弊，尤其是出于保密方面的考虑，最后山本五十六决定走北航线。

先遣编队都由潜艇编成，能够秘密地开赴战场，没有规定航线，只求躲避美军岸基飞机巡逻就可以了。

突击机群起飞海域的距离，是经过精心计算的。太近了容易被美军发现，太远了会使飞行员疲劳，影响空战的最佳实施效果。经过多次研究，最后确定起飞的海域为瓦胡岛以北200海里的海域。

根据日军飞机的航速计算，从起飞至到达珍珠港需要2个小时。

在舰载机起飞以后，航空母舰应向后撤退一段距离。这样做是因为，日军飞机去的时候航程近，返回的时候航程远一些。美军若派出飞机追击，往返航程都远一些，增加了美机攻击日军航母的困难。

突击时间的选择必须与在东南亚马来西亚的日军登陆时间密切一致，在拂晓登陆为了便于作战的顺利完成。首先是必须在下半夜有月光的日子，其次是在星期天。根据美军的活动规律，出海的军舰往往在星期六返回，星期天在珍珠港内停泊的军舰最多，并且美军休假也最多，防备松懈。

综合上述情况，突击的日期定为东京时间12月8日，突击的时间是早晨6点。出于参战的第5航空舰队两艘航母上的飞行员没参加过夜间飞行训练，山本五十六把突击的时间改为早晨6时起飞，8时发起进攻。

山本紧张备战

渊田美津雄驾驶的飞机在靠近海滩时，几乎擦着飞行员们的头皮扑向海面。眨眼间，宁静的海面被飞行的气浪撞出白色的痕迹，高度只有10米左右。一枚红头白身的鱼雷射向海中，飞机瞬间升空，海面上的鱼雷直扑目标。

1941年9月初，山本五十六亲自选拔并委任海军航空兵中拥有3000小时飞行经验的超级飞行员渊田美津雄中佐出任训练总教官。

渊田美津雄所肩负的任务是，训练"赤城"舰上的所有飞行员，同时还训练在4月份刚编组的第1舰队航空母舰上的飞行员。

由于珍珠港水深仅10至12米，鱼雷机若使用正常的攻击方法，在1000米高空、1000米远距离发射鱼雷的话，鱼雷会撞入水底。

鱼雷机飞行员集中在地形酷似珍珠港的鹿儿岛的樱岛训练时，投雷的高度由1000米不断下降，最后降至20米。鱼雷机训练的基本动作跟实战一样，靠近港湾后用50米的高度在峡谷中曲折飞行，飞至海面降为20米，朝目标发射鱼雷。攻击动作经过反复训练，动作要领被飞行员们记住了。

一天，渊田美津雄指着地图对飞行员们说："首先，飞机从鸭池基地起飞，到达鹿儿岛北方2000米的高空，再单机朝南从樱岛半山腰飞过去，降到甲突川峡谷，以距离地面40米的高度贴着百货大楼和车站的屋顶飞行，躲避电杆和烟囱，飞到码头上，再把高度降为20米。这时，投弹员向在270米以外的防波堤发射鱼雷。"训练完全模拟日本将对珍珠港发动的偷袭。

在后来的日子里,在渊田美津雄的领导下,400多位鱼雷机、俯冲轰炸机、战斗机的飞行员参加了紧张和残酷的训练。

"由鹿儿岛的半山腰飞过去,钻入峡谷,飞行高度为50米,各机距离150米,升到鹿儿岛市上空,高度再降到40米。"渊田美津雄给飞行员们下达的命令,使许多老飞行员的心里也不由得震颤起来。

在那样的高度飞行,飞机很可能触地。可是,渊田美津雄仍然继续讲:"靠近海面时,高度降为20米,在保持20米的高度,向目标发射鱼雷。"飞行员们更加害怕了,在20米的高度飞行,无异于玩命,这表示飞行员的生命无法得到保障。

"训练时使用假鱼雷!"很快,一天的训练又开始了。

一架架的鱼雷机从峡谷飞来,几乎擦着屋顶紧飞过去扑向海面,强大的气流将树叶刮得哗哗响。

在拼命似的飞行训练中,鹿儿岛市民被吓坏了。呼啸声此起彼伏,人

正在航空母舰上起飞的零式战斗机

们都非常害怕。

飞机靠近港口时,马上下降高度,几乎快靠近海面了,小渔船上的渔民吓得失魂落魄。那些天中,鹿儿岛市民家里养的母鸡都不下蛋了。

在训练中,有几架飞机坠毁了,不过却有许多鱼雷击中了目标。

为了提高训练的精度,早日达到训练目的,渊田美津雄把鱼雷机飞行员集中在海滩,自己亲自驾驶飞机。

渊田美津雄驾驶的飞机在靠近海滩时,几乎擦着飞行员们的头皮扑向海面。眨眼间,宁静的海面被飞行的气浪撞出白色的痕迹,高度只有10米左右。一枚红头白身的鱼雷射向海中,飞机瞬间升空,海面上的鱼雷直扑目标。

日本科研部门研制了装有木制稳定器的浅水鱼雷,成功地突破在浅水海域使用鱼雷的技术难题,使鱼雷机在20米高度投雷的命中率达到20%。

水平轰炸机飞行员在海军轰炸靶场进行训练,海军在靶场上标出与美军战列舰同样大的靶标,经过两个星期的单机和编队轰炸,飞行员的投弹命中率为80%,命中精度为300米高度误差在30米内。日本科研部门改进了投弹装置,把穿甲弹改成航空炸弹,提高了炸弹的威力。

为了在空袭中取得更大的战果,飞行员们又进行了对美军舰艇的识别训练。

俯冲轰炸机的飞行员们,在宫崎县的富商空军基地参加训练,由江草隆繁少佐组织。他们将拖筏当作靶子,为提高命中率,飞行员们开始了反复的训练。俯冲轰炸机队有51架飞机,每架仅携带1枚250公斤重的特种炸弹。俯冲轰炸机从4000米的高度俯冲后,在400米高度时就可投弹,能够获得最好的投弹度。在顺风时,通过加大俯冲角度的方法可提高命中率。

与此同时,编组舰艇都进行过强化训练。为了适应北航线的气候特点，水面舰艇开始了在恶劣天气下进行海上加油的训练。科研部门改进了加油设备，认真研究了加油方法，使舰艇部队提高了海上加油的速度。山本五十六认为，若不能从油船中得到补给，作为预备方案必须进行从战列舰和航空母舰向巡洋舰或者驱逐舰进行海上加油的准备以及训练。再有，所有的大型军舰对不用的设备和物品进行精简，把节省下的载重量都用来装油，增加燃油的储备。

10月13日，山本五十六决定出动袖珍潜艇，还将在袖珍潜艇上加装切割反潜网装置和自爆装置。由于时间紧迫，还没有在水下地形酷似珍珠港的海湾进行鱼雷进攻训练，也没有来得及进行袖珍潜艇和母艇的联合演习就出征了。

1941年11月上旬，参与偷袭珍珠港海战的舰艇依据偷袭计划，将集结在以佐伯湾的联合舰队主力战列舰为目标，进行了3次综合袭击演习，作为偷袭珍珠港前所有训练的一次检验。

通过3次演习，山本五十六认为攻击的效果很好，达到了预期目的，各参战部队也总结这次演习的经验，返回基地，为战斗做好最后的准备。

11月23日，所有参与珍珠港海战的舰长和飞行军官，共同商讨作战方案中的细节问题。11月24日，飞行员们在珍珠港的沙盘模型上谨记自己的任务。

知己知彼，百战不殆。日军在搜集美军的情报上费了很大工夫。1941年5月以后，派往珍珠港的日本间谍有200多人，利用各种方法收集珍珠港的天气、水文、地形和美军基地、飞机、舰艇的部署等情况。

日本海军情报部的吉川猛夫少佐，化名森村正，于1941年3月作为日本驻檀香山领事馆参赞到达珍珠港，开始了情报搜集工作。

吉川猛夫少佐用日本人的细微精神，对可靠的每一点滴情报都进行了认真的记录。再把情报用外交密码发回日本外务省，由外务省转达给海军。

第一章 突袭珍珠港

1941年1月7日从高空拍摄到的珍珠港照片

吉川猛夫发回的情报由开始的每周1次发展到每天1次，向日本海军提供大量有用的情报。

吉川猛夫提供的情报包括：美军的舰艇停泊情况以及活动情况；珍珠港美军飞机的机种和数量；珍珠港的防空设施；等等。吉川猛夫为珍珠港的偷袭成功立下了大功。

日本向美国开战后，吉川猛夫的身份没有暴露，只是作为外交人员与美国驻日本的外交人员进行交换，回到日本后，日本和德国都向他授予了勋章。

为了掌握北航线的确凿情况，10月，日本海军派出两批共4名军官，乔装成商人和水手，搭乘途经北航线的船只到达夏威夷群岛的檀香山，掌握北航线的气象、海情和航道情况。除了派间谍去搜集情报外，日海军对夏威夷广播和电讯也加强了监听。

通过上述努力，在开战以前，日海军完全清楚了美军在珍珠港的防御设施、兵力部署、舰艇和飞机的情况、美军的活动规律，等等。

　　为了保证袭击的突然性，日本实施了一系列战略欺诈和伪装。首先，日本政府以和谈为掩护。1941年2月，日本政府委任退役的海军上将、罗斯福的朋友、亲英美人士野村吉三郎为驻美大使。

　　几个月以来，野村吉三郎与美国官员进行的谈判多达几十次。7月，近卫文麿首相给罗斯福写信说，日美之间不存在谈判不能解决的问题，保证绝对不会侵犯英国和美国在东南亚的利益。

　　11月5日，日本统帅部决定向英美开战，日本政府派曾经担任驻美领事来栖三郎担任"和平特使"，去美国谈判。

　　12月7日，日本政府仍通知美国，声称日本一定会继续谈判。

　　1941年7月，日本关东军11个师400000人猛增为20个师700000人，举行了代号为"关特演"的军事演习，制造日本陆军即将攻打苏联的假象，以此迷惑美国政府。10月，在日本内海组织了登陆演习，邀请各国驻日武官前来参观，吸引各国政府的注意力。

　　12月，由横滨至夏威夷檀香山的定期邮船"龙田丸"号仍旧启航。12月5日至12月7日3天中，日本政府组织江田岛海军军官学校的学员化装成海军官兵，在首都游玩，营造海军无所事事的和平气氛。

　　在舰载机训练的时候，抽调飞机进驻参训部队的基地，保持基地原有的正常飞行与通讯。这些伪装真是用心良苦。

　　日本统帅部加强了保密措施，该计划只有山本五十六和极少数高级要员知道。参战部队训练的地点在日本南部的鹿儿岛和佐伯湾，但出征地点却在日本北部的择捉岛和单冠湾。

　　在编队的集结过程中，各舰都选择了远离商船航线的航道，分批根据不同的时间间隔集结。在航行时，各舰的收发报机都不准使用，特别加强了反潜警戒。

　　突击编队的舰艇到达单冠湾后，海防部队切断了择捉岛与外界的所有联系，连岛上居民的生活用品都由海军补给。对编队舰员的私人信件全部检查，扣押到开战当天才发出。

当突击编队驶向珍珠港的途中，所有的舰艇对无线电只收不发，夜间禁止使用灯火。派出几艘驱逐舰停泊在日本，伪装航空母舰的无线电呼号，欺骗美军的无线电监听。联合舰队更改了密码和呼号，以此来蒙蔽美军的监听。

南云舰队出征太平洋

南云舰队经过10多天的航行，航程近万公里，来到瓦胡岛以北，距离珍珠港约300公里的预定海域。珍珠港美军气象站通过广播发送的气象预报表明当天天气晴朗，海况较好。

经过一段时间的准备，日本海军经过努力，战胜了偷袭计划所能想到的技术和战术难题，一切都准备好了，就等着开战。

1941年秋，日美矛盾加剧，大战在即。

1941年10月18日，陆军大臣东条英机成为新首相。东条英机刚上任就加快了战争准备。

11月5日，日本御前会议决定向英美开战。日军大本营发布《海军一号令》：命令必须在12月上旬完成一切作战准备。山本五十六命令南云忠一率突击编队秘密地于11月22日在单冠湾集结。

11月23日，突击编队刚刚集结完毕，等待出发。突袭计划第一次下达给各舰舰长、参谋人员和飞行员。这些人员在知道计划后，马上确定攻击方案的细节。

11月25日，山本五十六向南云舰队发出绝密命令：11月26日出征，航行中必须保持隐蔽，于 12 月 3 日到达指定海域，完成作战准备工作。

11 月 26 日晨 6 时，突击编队主力由单冠湾出发。山本五十六的指示是编队用 14 节航速顺着北航线航行，进行 24 小时对空、对潜戒备。山本五十六的最后指示是若日本政府与美国政府的谈判取得成功，马上返航。

11 月 30 日，突击编队根据预定计划，开始在海上加油。然后以 6 艘航空母舰为主排为 3 个纵队，3 艘潜艇在纵队前方约 200 海里进行寻搜。突击编队密切关注谈判的进程。当天，山本五十六命令南云舰队，若在 12 月 6 日以前被发现，立即掉头返航。

12 月 1 日，日本御前会议决定向英美开战。日本统帅部确定开战日期是 12 月 8 日。

12 月 2 日，山本五十六根据日本统帅部的命令，向南云舰队发出密命，通知南云舰队进攻的日期是东京时间 12 月 8 日，夏威夷时间 12 月 7 日。

日本海军的舰载机从"翔凤"号航空母舰上起飞前去袭击珍珠港

12月6日，突击编队进行海上加油。补给部队在完成海上加油后，与主力舰队分离。山本五十六模仿他所崇敬的东乡平八郎的话向南云发出命令："帝国兴衰在此一举，我军将士务必全力奋战！"

南云马上把这个电报用灯光信号的方式通知整个舰队，在旗舰"赤城"号航空母舰的桅杆上升起"Z"字旗。当天，日本外交部致电驻美使馆毁掉密码和密码机，日本向美国发出的最后通牒于夏威夷时间12月7日13时递交。

1941年12月6日午夜，浩瀚的太平洋波急浪涌，一支庞大的海军舰队偷偷地行驶在美国夏威夷群岛附近的海域。

第一次世界大战结束后的20年中，日本一直妄想侵吞东南亚，以美太平洋舰队为主要假想敌。第一次世界大战后的日本海军，从舰艇的设计、舰队编组到海军的战略、战术，都遵循对美舰队作战的要求。

南云舰队经过10多天的航行，航程近万公里，来到瓦胡岛以北，距离珍珠港约300公里的预定海域。珍珠港美军气象站通过广播发送的气象预报表明当天天气晴朗，海况较好。

南云舰队已经驶入美军飞机的巡逻范围了，舰队组成了环形防空队形，6艘航母编成两路纵队，组成舰队的核心。6艘巨型航空母舰，一共携带了423架各类作战飞机，构成使人畏惧的空中力量，这是整个舰队的主力。

2艘战列舰和2艘重巡洋舰守护在航母纵队的四角，9艘驱逐舰围在最外层。舰队方阵纵横几公里，浩浩荡荡，以每小时24海里的高速前进。各舰的舷侧，都漆有白底红太阳的图案。

先遣队的潜艇都在当天夜晚到达预定海域，第1分队4艘潜艇在瓦胡岛以北海域，第2分队7艘潜艇封锁珍珠港东西海峡，第3分队9艘潜艇监视珍珠港的入口。

南云舰队的进攻力量集中用于珍珠港，特别攻击队的5艘潜艇分别放出袖珍潜艇，由袖珍潜艇自己想办法潜入珍珠港。最后2艘潜艇监视夏威夷与美国之间的联系。

晚上，南云舰队收到东京发来的报告：珍珠港停有战列舰9艘、巡洋舰3艘、驱逐舰17艘。还有4艘巡洋舰和2艘驱逐舰在船坞，港内没有航空母舰。美军飞机没有巡逻，没有设置防空气球。

穿越珍珠港入口防护栅，潜入港中的5艘袖珍潜艇，发回港内美军舰艇停泊数量和位置的情报，与珍珠港间谍人员的报告完全一致。

86艘美军舰艇正停泊在码头上。日本航空母舰加足燃油，装足弹药的各类飞机，正排列在甲板上。日军飞行员们吃过节日盛餐，给家人留下附有头发和指甲的书信后，系上"千人针"吉祥带，站在战机旁，随备登机。

12月7日凌晨6时，透过薄雾，日本南云舰队旗舰"赤城"号的主桅杆上升起了一面"Z"字旗。6艘日本航空母舰发现信号后，马上转换航向，逆风行驶到达发送飞机离舰的指定地点。各舰的飞行甲板上，绿色信号灯不停地闪烁，这是飞机起飞的信号。飞行员们爬上飞机有秩序地向前滑动。

日军飞机在一片呼啸声中一架架腾空而起，飞向天空。15分钟内，183架第一组进攻飞机全部升空，在舰队上空编好队形，由飞行队长渊田中佐率领。在海员们的欢呼声中，机群向珍珠港扑去，偷袭珍珠港的计时器滴答响起。

当南云舰队为舰载机群的起飞作准备时，华盛顿美国海军情报处的海军中校克雷默根据已破解的密码系统，破译了一份发自日本的长篇密电。电报共14部分，内容是宣布日美谈判破裂，日本政府表示遗憾，并要求日本驻美大使野村在华盛顿时间下午1时必须面见赫尔，将翻译成英文的电报内容移交美国政府。

克雷默断定这是日本政府在向美国递交最后通牒，而下午1时将是对美发动突袭的准确时间。克雷默的同事们断定太平洋某一美军设施会遭到偷袭，这个设施很可能在关岛、威克岛或菲律宾。

南云舰队舰载机起飞前半个小时，美国陆军参谋长马歇尔将军和海军作战部长斯塔克将军，命令驻太平洋各地的美军转入戒备状态。

他们没想过日本偷袭珍珠港的可能性。美军都认为珍珠港易守难攻，距离日本数千海里，不会遭到日军的直接打击。驻守珍珠港的陆军指挥官肖特中将和海军指挥官金梅尔海军上将，直到12月7日下午2时58分，才接到美国发来的戒备令，这离日本在珍珠港投下第一批炸弹已经过了7个小时。

马歇尔的指令是通过商用电报发送的，因为没有急电标志，整整拖了9个小时才送到珍珠港。驻珍珠港的美军未能根据指令要求加强戒备。

1941年12月7日，珍珠港美军沉醉在星期天特有的假日气氛中。

尽管美国政府已经警告过所有美军，日美战争迫在眉睫，只是时间早晚的问题。然而，驻守夏威夷的美国官兵，并没有感到战争即将来临。

舰队1/4的官兵在岸上度周末。港内没有部署巡逻的舰艇，更没有巡逻的飞机。

当渊田中佐率领的南云飞机编队偷袭前几分钟，美军官兵正准备吃早餐。教堂悦耳的礼拜钟声随风飘入战舰间的窗口。在战列舰的尾部，美军仪仗队正在甲板上，准备为8点钟的升旗仪式高奏军乐。

岸上的情况也一样。瓦胡岛的6个陆海军机场，几百架飞机整齐地排在停机坪上。高射炮的炮弹被锁入弹药库。刚建立的雷达站，每天仅开机3个小时，只供新兵实习的时候使用。

基地最高指挥官肖特中将穿着洁白的运动服，背着球具，正要去高尔夫球场，与金梅尔将军比个高低。

在珍珠港的太平洋舰队的多数官兵没有起床，他们并不知道，一场灾难正悄悄地降临在他们的头上！

血染珍珠港

瞬间，珍珠港的爆炸声就像晴天霹雳，熊熊大火映红了整个珍珠港。港内升起了冲天的水柱，所有的战列舰都起火了，震耳欲聋的爆炸声响个不停。遍地血尸，惨不忍睹。爆炸声、防空警报声和官兵们的呼救声乱成一团。

1941年12月7日，珍珠港时间清晨6时30分，日本的攻击机群距离珍珠港180英里。

正在执行巡逻任务的美军舰"沃德"号看到一艘奇形怪状的潜艇的指挥塔。这艘潜艇是南云舰队派出进攻珍珠港的袖珍潜艇之一。它潜水时的排水量为46吨，可携带2枚鱼雷，以电瓶为动力航行。它最高航速可达24节，高速行驶时续航力可维持1小时半。慢速可维持25小时，约行驶100海里。

进攻珍珠港的袖珍潜艇由5艘组成，每艇有两位乘员。日军利用袖珍潜艇的高速和难以被发现的优势，在舰队决战以前，偷偷潜入珍珠港，向港内舰只发射鱼雷。袖珍潜艇在战斗开始后，乘员生还的希望渺茫。

6时40分，"沃德"号发出一阵炮击，5艘潜艇都被击沉了。"沃德"号舰长奥特布里奇立即向司令部报告敌情，然而，驻守珍珠港的美国海军中没有任何一位军官重视这一情况。若不是美国军队官僚主义的影响，这5艘袖珍潜艇差点葬送了山本五十六的偷袭计划。

7时，日军飞机距珍珠港137英里。装在瓦胡岛北端奥帕纳山岗上的雷达站按规定必须关机，两个新兵仍想继续练习。2分钟后，他们看到雷达屏上有一堆堆闪闪发光的斑点。他们把这一重要发现向泰勒中尉报告："大批飞机由北面3度角方向飞来。"

泰勒中尉说："算了，别管它们了。"7时30分，日军飞机距离珍珠港47英里；7时39分，距离22英里。突然，日军飞机从雷达屏上消失了。

7时40分，日军飞机展开兵力。渊田下令攻击！通信员马上拍发攻击密令：突！突！突！

7时55分，美军"内华达"号战列舰上的水兵们正要升军旗，奏国歌。

忽然，他们看到从东南方闪现出一大批俯冲轰炸机，闪电般贴在海面上，来了个急转弯，冲到机场上空。美军水兵们暗暗赞叹飞行员的精湛技术，有人冲飞机大喊："喂，早晨好……"

眨眼间，密集的炸弹倾泻而下，位于珍珠港四周的希凯姆机场、惠列尔机场、埃瓦机场和卡内欧黑机场是日本飞机的第一批轰炸目标。

为了精确地进行轰炸，许多轰炸机飞到距地面仅几百米时才投弹。机

希凯姆机场上被毁坏的战机

场上炸弹如雨，一架架美军重型轰炸机被炸碎。几架美军战斗机趁乱刚刚起飞，马上就被居高临下的日军零式战斗机击落。

地勤人员和飞行员们从地上捡起机枪进行还击，但根本不顶用。几分钟内，美军机场被摧毁，几百架飞机成了残骸。机场上空浓烟滚滚，巨大的烟柱冲向天空……

村田率领鱼雷机队，绕到珍珠港的湾口，由希凯姆机场飞越海军造船厂，到达攻击地点。村田看到，希凯姆机场上空升起了浓烟。一旦浓烟把战列舰盖住，鱼雷机就很难攻击了。村田连忙紧贴着海面，在俯冲轰炸机攻击后仅1分钟，就向珍珠港内的战列舰发射了鱼雷。

瞬间，珍珠港的爆炸声就像晴天霹雳，熊熊大火映红了整个珍珠港。港内升起了冲天的水柱，所有的战列舰都起火了，震耳欲聋的爆炸声响个不停。遍地血尸，惨不忍睹。爆炸声、防空警报声和官兵们的呼救声乱成一团。

这时，渊田率领高空水平轰炸机队又向战列舰发动了毁灭性的轰炸。

美军第57驱逐机中队的5名飞行员，发现惠列尔机场已严重毁坏，马上乘两辆汽车冒着日机的追击，赶到偏僻的埃瓦机场。

7时15分，泰勒中尉等驾驶5架战斗机腾空而起。在巴伯斯角上空，他们与日军12架飞机遭遇，击落3架日机。在空战中，威尔少尉的3挺机枪中有一挺因过热而卡膛了，泰勒的胳臂和大腿受伤。

两人刚刚降落，15架日机扑来，两人马上起飞。一架日机在泰勒飞机后方正要射击，威尔连忙急转照准那架日机开火，日机起火坠毁。

威尔又去追击另一架日机，追到海岸外8000米处，威尔以一阵准确的射击将日机击落。这5架美机在空中苦战，击落了7架日机。泰勒中尉击落2架、威尔少尉击落4架。美军陆续从各机场起飞25架飞机，因为准备不足，有的飞机被日机击毁，有的被自己炮阵地的高炮击落，无法阻止日军的攻势。

8时25分,日军第一组飞机返航。渊田继续盘旋在珍珠港上空,指挥第二组飞机的进攻。在第一组攻击中,日军损失9架飞机。

日军第一组的攻击目标主要为美军的战列舰。"亚利桑那"号被2枚鱼雷打中,接着被4枚1600斤重的炸弹击中,更惨的是有一枚炸弹穿透了甲板,在弹药库炸响,引起了更大的爆炸,造成该舰在几分钟后沉没,全舰1000多名官兵牺牲。

"西弗吉尼亚"号的左舷被6枚鱼雷打中,虽然官兵努力拯救,却难以控制它向左倾斜,最后沉入海底的命运。

"加利福尼亚"号被3枚鱼雷打中了舰桥的下方、3号炮塔下方和左舷中部,还有1枚重磅炸弹穿地甲板在舰舱爆炸,结果舰首向上翘起,最后沉没。

"俄克拉荷马"号被3枚鱼雷打中左舷,由于爆炸震开很多水密门,海水涌入,由于舰长没有在舰上,舰上人员一片混乱,因此迅速沉没。

燃烧的"西弗吉尼亚"号战列舰、"田纳西"号战列舰和"亚利桑那"号战列舰

"田纳西"号被3枚炸弹打中,因为受到"西弗吉尼亚"号沉没时的挤压,再被后边"亚利桑那"号爆炸的火焰引燃,致使舰上上层的建筑起火,造成重创。

"马里兰"号被两颗重磅炸弹击中,是这些战列舰中受伤最轻的。

"内华达"号被一枚鱼雷命中左舷,这不是关键部位,而旁边"亚利桑那"号上的大火,对它的威胁则更大于日机。弗郎西斯·汤姆斯海军少校命令起锚出港躲避,水手长埃德温·希尔跳进水里,游上码头,解开缆绳,"内华达"号连忙起航。

"内华达"号的躲避是第一组空袭中最惊险的一幕,"内华达"号在没有任何拖船的引导下,倒退着离开了锚地,驶入了航道。周边的军舰纷纷爆炸起火,热气滚滚,"内华达"号上的人员纷纷挡住炮弹,以免炮弹受热爆炸。

"内华达"号带着滚滚浓烟朝造船厂前的航道最狭窄处驶去。日军俯

"内华达"号战列舰停泊在珍珠港瓦胡岛战列舰群的末尾

冲轰炸机看到后,决定利用这次机会集中轰炸,把"内华达"号击沉在航道上封死珍珠港。

为了分散美军的防空火力,日军俯冲轰炸机由东南、西南两方向一同轰炸攻击。"内华达"号被击中6枚炸弹,受到重创,汤姆斯看到无法突围,担心军舰在航道上沉没而堵死珍珠港,下令驶往福特岛西南浅滩。

8时40分,日军第二组飞机到达瓦胡岛,开始了第二组攻击。日军战斗机围攻空中的少量美机,以确保掌握制空权。

美军克利斯汀少尉、怀特曼少尉和比谢普少尉跳上3架战斗机准备由瓦胡岛东部的贝洛机场起飞。

克利斯汀刚进入机舱还没有滑行,就被日机轰炸,当场身亡。其他两人腾空而起,很快就被日机击落了。

美国另有6位飞行员在桑德斯中尉的组织下驾驶战斗机起飞,向正在轰炸机场的6架日机发动进攻,日机看到美机迎战立即逃跑,美机趁机追击。

桑德斯向一架日机开火,日机冒着浓烟坠落大海。斯特林正在追击一架敌机,另一架日机在他后面开火,斯特林座机起火坠落。

日机在扫清了空中的美机后立即对地面目标疯狂扫射,水平轰炸机轰炸了卡纽黑、希凯姆和福特岛3个机场。俯冲轰炸机向发射防空炮弹的美军舰进行轰炸。

"内华达"号战列舰由拖船拖向韦波角,成了日机轰炸的目标,舰上的消防管被炸烂。拖船忙用水泵帮助该舰灭火。日机看到珍珠港内停泊的军舰都已经起火,就开始轰炸船坞里的舰船。

"宾夕法尼亚"号战列舰在船坞中大修没有被第一组的鱼雷机看到,因此逃过这一劫。第二组的日机投下的一枚炸弹,只炸坏了"宾夕法尼亚"号的甲板,逃脱了沉没的厄运。

"肖"号驱逐舰的舰首被炸飞，熊熊大火随着泄漏的燃油到处蔓延，在船坞中的 2 艘军舰被大火引爆。在北部湾中停泊的辅助舰只被第二组的日机炸沉多艘。

　　中午，渊田来到作战室，与南云在一起的还有草鹿、长谷川、大石、源田和其他参谋。

　　南云见到渊田，连忙问："结果怎样？"

　　渊田说："……美太平洋舰队的主力，在 6 个月内无法驶出珍珠港。下一个目标应该是海军船坞、油库和偶然遇到的舰只。"

　　南云问道："你认为美国航空母舰会在哪里？"原来，日军不知道美军的航空母舰"企业"号和"列克星敦"号在哪里。

　　渊田说，"航空母舰肯定收到了受到空袭的报告，会来报复我们。若在没有查明美军的两艘航空母舰的下落以前就再去轰炸珍珠港，肯定会损失惨重。在原地等几天，找到美军的航空母舰后再进攻。"

珍珠港干船坞附近的船只起火

第一章 突袭珍珠港

战前，南云曾认为他将损失舰队的三分之一的力量，可现在他的军舰竟没有丝毫损伤。轻易取胜，使他忘了"只有最大限度地消灭美军，才能更好地保存自己"的战争法则。南云将思考问题的焦点定在"尽量减少舰队的损失"上。

南云认为，舰队不应该动用精锐航空部队去攻击瓦胡岛上的军事设施，而需要保存实力，将来与美国航空母舰进行殊死决战。于是，南云下令返航。

很多飞行员非常失望，他们渴望再次攻击珍珠港，他们想带给美军更严重的破坏，认为这是一生中不会再有的机会。

渊田认为，舰队若停止进攻，就犯了战争史上攻击不到位的致命错误，这种错误，在战争史上曾多次使快要到手的胜利变成泡影。

渊田连忙跑去找南云问道："我们怎么不再次进攻？"南云刚要回答，草鹿回答说："珍珠港行动的目的已经实现，现在我们必须回去。"渊田生气地走开了，因为南云是总司令，有权做任何决定。从此，渊田很少跟南云说话，除非是在值勤时才被迫应付几句。

在东京的日本联合舰队指挥部收到南云的电报后，参谋们认为这是重大失误，要求山本五十六命令南云发起第二次袭击。

山本五十六肩负着指挥庞大的日军海军的责任，珍珠港军事计划仅仅是整个海战的一部分，虽然它是很重要的前奏。如果山本五十六在现场指挥，他一定会发动第三次进攻。

然而，舰队能够完好无损地返航，山本五十六感到震惊。山本五十六指挥的原则是把决定权留给最了解情况的现场指挥官，而联合舰队的参谋们是不了解细节的。

如果山本五十六听从参谋们的意见，命令南云发起第三次空袭，不仅会使南云在部下面前丢面子，更重要的是再去轰炸珍珠港，不会像前两次那样幸运了。

山本五十六讽刺道:"南云就像一个小偷,作案前和作案时都很勇敢,这时他所考虑的只是带着赃物逃跑。"

在日本柱岛,山本五十六的心情十分沉重。夏威夷时间12月7日下午,山本五十六率领停泊在濑户内海的主力舰队30多艘军舰,离开柱岛。

夜晚,舰队从丰后水道东侧朝南进发。在"长门"号旗舰的指挥部中,策划和组织了突袭珍珠港计划的山本五十六坐在桌前,提笔道出了自己的心境:

"今天我已经决定,一旦奉天皇大诏而进攻,就不会顾惜生死。此战是从没有过的大战,各种难关肯定不少。如果珍惜名誉而存私心,就无法完成重任。浩荡皇恩铭心间,舍誉取命何所惜。"

12月15日,山本五十六命令返航途中的突击编队,派出兵力配合威克岛登陆作战。根据山本五十六的命令,南云派出航空母舰、巡洋舰和驱逐舰各2艘,去协助威克岛登陆作战,然后亲率主力舰队返航。

12月28日,偷袭珍珠港的日军舰队全都回到日本柱岛海军基地。珍珠港海战以美军的惨败而结束。

炮声震醒美利坚。

沉睡中的美国在日军偷袭珍珠港的爆炸声中惊醒。从12月7日起,美国不再站在远处隔岸观火,不再把第二次世界大战看作与己无关的事情了。珍珠港海战的惨败唤起了美国人民的战斗激情,这种激情使全国上下团结起来。

12月7日,美国国务卿赫尔在接见日本代表野村和来栖前,已经知道珍珠港遭受偷袭的消息了。

罗斯福总统命令赫尔只需收下日本的答复,立即把日本代表送走。因此,赫尔认真地阅读了日本政府的答复后,忍不住说:"我参加工作50年来,从没有见过如此卑鄙的政府和如此歪曲的文件!"

在递交正式宣战的文件以前,日本偷袭珍珠港,激起了美国人民无比的愤慨。山本五十六接到偷袭胜利的电报后,对前来贺喜的部下们说:"我们刚刚唤醒了一位沉睡的巨人。"

同一天,金梅尔上将来到太平洋舰队司令部,真正使他难过的不是失去的军舰,而是军官和士兵们的巨大伤亡。对于金梅尔来讲,这些美军并不是一组统计数字。那时,每艘军舰都是一个集体,在集体里,所有的人都互相认识,一名士兵参军后就在一艘舰上服役,服役的时间长达二三十年。共同服役和家庭间的联姻,使海军官兵们亲似一家人了。

金梅尔在珍珠港认识很多官兵,能叫出他们的名字,和他们是朋友。所有的官兵,从服役多年的舰长到刚参军的水兵,他都应对他们负责。

金梅尔缓缓走向窗前,祈祷将来能有机会对日军进行报复。因为他知道,这次毁灭性的打击使他作为太平洋舰队司令的生涯终结了。

金梅尔的心中充满了悔恨。当助理参谋向他汇报"沃德"号驱逐舰击沉 5 艘小潜艇的情报后,金梅尔认为,不能肯定这是大规模攻击的前奏。

罗斯福亲自前往美国国会,向美国参、众两院发表了为时 6 分钟的讲演

如果金梅尔派侦察机侦察一下,就能发现日军大型机群,珍珠港美军也不会输得这么惨。

同一天,日军偷袭珍珠港的反复报道,使正在度周末的美国人受到了巨大的刺激。紧张的播音员也失去了往日的那种沉着冷静的语调。

很快,日本驻美国大使馆的电话线被切断,除经特别准许外,严禁与外界联系,美国宪兵封锁了使馆。

一批批美国人愤怒地包围了日本大使馆。有的人烧了日本国旗,有的人向日本大使馆扔砖头,有的人用汽油瓶袭击大使馆。

同一天,东京广播电台播放了日本统帅部的公告,公告宣布:"帝国陆海军在西太平洋地区与美英军交战。"

太平洋战争爆发了!日本国民沸腾了。

东京广播电台在发布《大本营陆海军部公告》时,还播告《军舰进行曲》和《拔刀队》的乐曲。

日本偷袭珍珠港后,美国警察搜查盘问日本在美国的侨民

上午11时，日本统帅部发布第二号新闻："帝国海军于今日凌晨对夏威夷群岛的美太平洋舰队和空军发动了大规模空袭。"

11时40分，东京广播电台发布天皇的"宣战诏书"："朕今对美、英宣战。帝国今天为了生存而自卫，必当摧毁一切障碍。"

东条英机以"拜受大诏"为题，对全国发表讲话："胜利永属于天皇陛下！"东京广播电台播放了贝多芬的交响曲《命运》。

日军偷袭美国海军基地珍珠港，使第二次世界大战由局部战争演变成世界战争，一场大浩劫全面展开了。山本五十六作为珍珠港海战的策划者和幕后指挥者，给战争史增添一份宝贵的资料的同时，也把自己的罪恶和不光彩的名字牢牢地刻在战争史册上。

日军偷袭珍珠港，给美国驻夏威夷群岛的太平洋舰队以重创，从此在太平洋地区掌握了制海权和制空权，为攻占菲律宾、马来西亚和荷属东印度群岛奠定了基础。

这次偷袭给日军带来了三大好处。

第一，美海军太平洋舰队暂时丧失了战斗力。

第二，日本在西南太平洋地区的作战不受美海军的威胁，而南云舰队也可以用来支援西南太平洋地区的作战。

第三，日军争取到更多的时间来扩张和建立"大东亚共荣圈"。

南云的返航命令正确吗？这个问题始终争论不休，争论的双方至今没有得出结论，可能永远都不会有结论。南云和草鹿认为，从当时舰队所掌握的情况来看，返航是正确的。若时间能够倒退，他们还会决定返航。

渊田和源田对没有在珍珠港海战中打到底感到抱憾终生。他们认为："夏威夷群岛就是地中海的马耳他岛，谁掌握了珍珠港，谁就能征服太平洋。日本只有先征服珍珠港，才有可能对付美国海军。"

同样，许多美国海军将领认为，南云的返航命令是错误的。美国太平洋舰队继任司令官尼米兹说："日军没有回到珍珠港打到底，给我们留下了喘息的机会，使我们重新组织了力量。"

尼米兹的前任金梅尔也认为，珍珠港海军基地比那些美国军舰更有价值："……若日军炸毁了地面上的油库区……会使美国舰队撤回本土。"

山本五十六在1942年的一次谈话中说："事实证明，没有对珍珠港彻底摧毁是一个严重的错误。"

山本五十六未能充分利用瓦胡岛上的惊慌和混乱的局面将珍珠港海军基地彻底摧毁，没有炸毁瓦胡岛的油库区，没有找到下落不明的美军航空母舰，是他在整个太平洋战争中所犯下的最严重的战略错误。

在珍珠港海战中，日军以损失飞机29架、潜艇1艘和袖珍潜艇5艘的代价，使美国太平洋舰队主力的所有战列舰无一幸免。其中3艘被击沉、1艘倾覆，其他4艘受到重创。除了战列舰以外，美国还有10艘其他战舰被击沉或击毁。美军有347架飞机被击毁。官兵伤亡达4000多人。

返回航空母舰后，日军飞行员为他们的战绩而开怀大笑

不幸中的万幸是太平洋舰队的两艘航空母舰"企业"号和"列克星敦"号不在珍珠港内。11月28日,"企业"号向威克岛运送飞机;12月5日,"列克星敦"号向中途岛运送飞机。还有9艘重型巡洋舰和附属舰船正在海上举行军事演习。太平洋舰队的第三艘航空母舰"萨拉托加"号正在美国西海岸修理。

1941年12月8日,美国总统罗斯福身披深蓝色海军斗篷,来到了国会大厦,开始了他一生中最令人难忘的演说。

"昨日,1941年12月7日,永远让美国人感到耻辱的日子。美国受到了日本海军和空军的偷袭。在此以前,美国与日本处于和平状态……日军对夏威夷群岛珍珠港的偷袭,使美国陆海军遭受重创,大批美国人遇难。昨天,日军出兵马来西亚。昨天,日军出兵香港。昨夜,日军出兵菲律宾群岛。昨夜,日军出兵威克岛。今天早晨,日军出兵中途岛……我们要永远记住,这一天对我们意味着什么……不论这场战争要打多久,美国人民依靠正义的上帝,一定会战胜困难,取得胜利……战争爆发了,美国人不得不看到,美国人民,美国领土,美国的利益,都处于日军的摧残之中。只要相信美国的军队,只要美国人民拥有坚强的信心,就能够取得最后的胜利……愿上帝与我们同在。"

"我们请求国会宣布:自12月7日日本发动这场卑鄙的战争之时起,美利坚合众国与日本帝国进入战争状态。"

12月8日下午4时10分,美国正式对日宣战。

12月8日,英国宣布向日本开战。

12月9日,中国在与日本进行了十多年的战争后,正式向日本开战。很快,加拿大、澳大利亚、荷兰、新西兰等20多个国家依次向日本开战。

12月11日,德国向美国开战,美国全面转入战时轨道,第二次世界大战全面展开。

沉睡中的美国在日军偷袭珍珠港的爆炸声中惊醒。从12月7日起,美国不再站在远处隔岸观火，不再把第二次世界大战看作与己无关的事情了。珍珠港海战的惨败唤起了美国人民的战斗激情，这种激情使全国上下团结起来。

珍珠港受到偷袭后的那天晚上，睡得最踏实的人不是山本五十六，而是英国首相丘吉尔。美国从此将作为盟国与英国共同作战，为此，丘吉尔说了句名言："我们总算赢了"，接着睡了个好觉。

由此，第二次世界大战变成了全球性的大规模战争。

第二章

进犯东南亚

恶战马来西亚

英军很快就意识到，轻装前进的日军熟悉丛林作战。日军士兵骑着自行车快速通过密林中的小道。

1941年9月6日，日本内阁决定投入较多的兵力与美、英、荷决一死战。为了战争的顺利进行，日本内阁不断地向法属印度支那，中国海南岛、台湾岛等日占区送运兵力和补给品，以便能够根据计划尽快发动南方作战。

1941年11月5日，日本内阁确定12月上旬向美国、英国和荷兰宣战。

12月8日，日军在偷袭美国海空军基地珍珠港的同时，向东南亚发动了强大的攻势，太平洋战争爆发了。十分明显，日军偷袭珍珠港，是为了确保南方作战的顺利进行。南方作战是以占领美国、英国和荷兰在大东亚地区的重要基地为战略目的。

珍珠港海战获胜后的日本海军，取得了太平洋的暂时制海权，其兵进神速，大胆实施其太平洋战略计划。日军攻打东南亚的作战分为三个阶段。第一阶段作战占领马来西亚和菲律宾，攻占婆罗洲和苏拉威西岛；第二阶段作战占领爪哇岛和苏门答腊岛；第三阶段作战，巩固所有的日占区，伺机占领缅甸、安达曼群岛。

占领这些地区以后，建立北起千岛群岛、途经威克岛、马绍尔群岛、吉尔伯特群岛、俾斯麦群岛、新几内亚岛、帝汶岛、爪哇岛、苏门答腊岛、安达曼群岛至缅甸的"大东亚共荣圈"。日本军部规定：前两个阶段的作战时间为3个月。

日本军部组建了南方军，一共11个师、2个飞行集团、9个坦克团，海军第 2 舰队、南遣舰队、第 11 航空舰队负责支援和掩护，总兵力为 25 万人。

11 月下旬，南方军发动了全面攻势。12 月 2 日，日本军部南方军下达"鹫号"命令。

日军南方作战的重点是东南亚的马来西亚方向。日军准备击退马来西亚方向的盟军，占领战略要地，特别是占领东南亚群岛的战略中心、经济中心新加坡。

为了守住新加坡，1941 年 12 月初，英国远东舰队司令菲利普斯中将亲率战列舰"威尔士亲王"号、战列巡洋舰"反击"号到达新加坡。

新加坡英军的防御重点在新加坡东部海岸，以海战为主，阻止日军登陆。英军拥有 158 架飞机，空军主力在新加坡基地，英军出动舰艇和飞机对马来西亚东部海域进行警戒，对哥打巴鲁、关丹方面出动侦察机巡逻。英军在宋卡、北大年、关丹和哥打巴鲁方向都有机场，驻有较多的兵力，

"威尔士亲王"号战列舰停靠在新加坡港

英军还可从新加坡军港出动舰队进行反攻。

可是，英国人却没有想到，日军会那么快就进攻泰国和马来西亚。日军南方军在战前进行了精心的策划，以陆海军采取奇袭的方式直接登陆。在登陆的同时或稍前，航空兵部队按计划夺取制空权，陆海军按计划抢占重要的军事基地和航空基地。

马来西亚的陆军作战由山下奉文指挥，所属部队为第25集团军，海军部队是小泽治三郎指挥的南遣舰队和所属的第22航空队，日军装备了210辆坦克，799架飞机，46艘舰艇，兵力为11万人。

12月4日，日军在海军的护送下，由中国海南岛三亚港出发。6日晨，日运输舰队由越南海转向西北，由暹罗湾驶向曼谷。7日中午，日运输舰队突然改航，驶向宋卡、北大年、哥打巴鲁。

12月6日下午3时，英军在中南半岛的金瓯海角南方海域发现了日舰队。新加坡英国殖民政府得知后，马上召开紧急会议。会议决定，等待伦敦的指示。

12月8日零时，日军第5师主力到达泰国南部。日军想与泰国政府谈判达到占领目的。8日1时15分，泰国总理和海军部长都不在曼谷，日本大使只好把最后通牒交给泰国外长。3时30分，日本南方军下令进攻泰国。日军的作战行动十分大胆，只派一个师去攻打泰国。

凌晨4时，日军开始在泰国登陆，泰军没有抵抗就向日军投降了。日军第5师进军泰马边境。

另外，8日1时30分，日军佗美支队5300人在海军第3水雷战队的护送下，在马来西亚北部的哥打巴鲁登陆。日军遭到英军的英勇阻击，英飞机击沉日运输舰"淡路山"号。经过4个小时的战斗，日军占领了英军阵地。晚上，日军占领机场，击溃了英军的反攻。

日军方面，第3飞行集团还向马来半岛的机场和新加坡海军基地发动了大规模的空袭，英空军被迫撤到新加坡。日军航空队于8日轰炸了新加坡的军事设施。

为了阻止日军后续部队继续登陆，12月9日下午5时，英舰队司令菲利普斯率领远东舰队，由爪拉丁加奴海北上，准备歼灭日军运输舰队。

与此同时，日航空队轰炸了关丹机场，8日和9日的轰炸使英军损失50架飞机，日军夺取了东南亚的制空权。

10日8时，远东舰队到达关丹没有找到日军，转航继续寻找。11时56分，日军出动34架俯冲轰炸机、51架鱼雷轰炸机发动攻击，把远东舰队"反击"号、"威尔士亲王"号击沉。英驱逐舰救出2000人，菲利普斯等800多名海军官兵阵亡。

日军分两路向南进军，进攻马来西亚。驻守马来西亚的英军主力是第11印军师，英军面对疯狂进攻的日军无力抵抗。可是，英军又不想把马来西亚北部的重要粮仓让给日军。

日军掌握了制海权和制空权后，后续部队陆续登陆，主力部队越过克拉地峡，到达吉打州，向南推进。

日本攻占了吉打和北大年的空军基地会使新加坡的英军陷入困境。英军希望马来西亚地区茂密的丛林会对防御有利。可是，英军很快就意识到，轻装前进的日军熟悉丛林作战。日军士兵骑着自行车快速通过密林中的小道。

12日，日军佐伯联队突破英军重兵防御的马来西亚北部的日得拉防线。13日，日军攻占吉打州首府亚劳。同时，佗美支队占领爪拉丁加奴机场。

英军在抵抗日军登陆海战和马来西亚北部地区阻击战中连续失败，仍然准备凭借关隘、河流等屏障抵抗日军，以争取时间，加强新加坡防线，准备打持久战。

驻守贝汤附近防御工事中的英军对日军的进攻速度感到恐慌，日军进攻他们的侧翼，英军仓皇撤退。12月14日，印军第11师在吉打的战斗中与日军第5师团打了起来。这支英军部队有很多印度新兵和新来的英国军官，他们不熟悉丛林作战，无法对付日军的疯狂进攻，经常处于被日军分割包围的绝境之中。

印军第11师在损失了两个旅后，终于突围了，向南溃退。英国人发现他们同时输掉泰国和马来西亚两场战役。英军退守霹雳河岸后。

12月17日，日军决定切断英军主力部队的退路，在柔佛州以北、吉隆坡以南地区把英军与新加坡的联系切断。

12月19日，日军攻占马来半岛西海岸槟榔岛上的维多利亚空军基地，切断了从印度、缅甸至新加坡、马来西亚的空中航线。这时，马来半岛北部的所有机场都被日军攻占了。

英军想凭借霹雳河这一天堑，发起一场阵地战，再撤进修好的防御工

在马来半岛丛林中作战的日军

事中，使马来西亚战役变成日本承受不起的消耗战。

没想到，丛林地带作战对守军十分不利。因为英军要把守每一条大小道路，防线过长会导致兵力不足。日军发动了几次小规模的进攻后，已经发现了英军的弱点。日军迂回到英军的下一道防线。

日军拥有攻击船，在占有海空优势的情况下，可以在英军阵地后边随意登陆。英军发现在陆地和海上两个方面都被日军包围了，英军被迫突围。

被四面包围的印军第11师计划抄大道通过马来西亚，与日军发生了激战。英国人阿瑟·帕西瓦尔将军命令印军第9师去支援第11师。

1942年1月7日，由于连续溃退，印军第11师疲惫不堪，供给严重匮乏。日军再次夹攻印军第11师。在斯林河一带双方展开决战，日军消灭了印军第11师。

之后，日军很快取得了马来西亚的控制权。

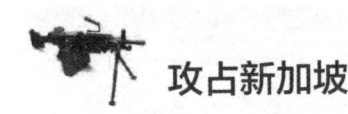

攻占新加坡

"东方的直布罗陀"新加坡没有经过抵抗就陷落了。帕西瓦尔和守军带着耻辱乖乖投降，成了日军的战俘。日军恶习难改，大肆残害盟军战俘。

在远东地区，新加坡岛是大英帝国的重要基地。新加坡是个十分优良的港口，有一条水道和石堤与马来西亚半岛相连。

坚守新加坡的英军共有3个师，包括英军、澳军和印军。新加坡岛上建满了海岸防御工事。防御工事中拥有火力强大的大炮，如果日军从北部的陆地发动进攻，这些大炮就没有用处了。

英国政府认为在新加坡足以抵挡日军海陆空的联合进攻,而美国政府认为日军从马来西亚岛进攻新加坡岛,那就不行了,因为新加坡守军的力量有些不足。

就在英军退守新加坡时,有两个灾难降临到大英帝国的头上。1941年12月25日,一支英军部队和加拿大军队经过顽强的阻击后,香港被日军占领。香港人回想起"南京大屠杀",城内陷入混乱。

驻香港的日军烧杀抢掠,做尽了坏事。日军进入圣斯蒂芬学院内的医院,用刺刀把伤员全部捅死。接着,日军把尸体全部焚烧。日军连续几天不断强奸被关押的护士,她们不记得被强奸了多少次。

第二个灾难是日军攻打英属婆罗洲(加里曼丹岛)。婆罗洲拥有丰富的石油资源。3支日军包围了驻守婆罗洲岛的数量很少的英军。

1月21日,一支日军部队在巴厘巴板湾登陆了,攻占巴厘巴板城内的炼油厂。4艘驱逐舰在美国人格拉斯福特少将的率领下驻守汶岛。

日本海军陆战队在巴厘巴板湾登陆

1月24日夜，格拉斯福特率4艘驱逐舰在没有被发现的情况下，偷偷驶入日本运输船队的中间，用鱼雷和舰炮击沉了4艘日军的运输船后，连忙撤退。在盟军一系列的重大惨败中这是一次小小的胜利。1月底，盟军在婆罗洲的抵抗结束了。

英国为了保住新加坡，调来两个师加强新加坡英军的力量。1942年1月3日，两个师的英军赶到新加坡。由于英军在马来西亚半岛连续溃败，使驻守新加坡的英军陷入困境。

斯林河惨败和面临日军登陆新加坡的危险，使英军退守柔佛中部的防御阵地。不堪一击的新加坡陆地防线与北部的马来省相连。

1月14日，日军进攻柔佛，日军还向前进攻了驻守在金马士的澳大利亚第8师。日军以为不可能遇到劲敌，可是日军却大吃一惊。向来英勇善战的澳大利亚人进行了顽强的阻击，打败了日军的第5步兵师。第5步兵师自从登陆以来，连续胜利，没有遇过强敌。如果所有的守军部队都像澳大利亚第8师一样，那么新加坡保卫战的情况就会形势大变。

尽管澳军第8师在金马士打败了日军第5步兵师，可是它的侧翼受到日军的夹攻。另外，还有一支日军大队在澳军第8师背后的海滩登陆了，而且日军的近卫师团击溃了英军的西部防线。这时，日军第5步兵师转败为胜，守军部队发现自己有被歼灭的危险，被迫边战边退。

这次大撤退由澳军第8师在皮拉多科附近负责阻击日军，双方发生了激战，后来进行了混乱的白刃战。第8师拼命突围，终于向南冲出了包围。

1942年1月15日以前，日军的行军速度惊人，与德军在波兰的闪电战一样。日军向南快速推进了643公里。日本第25集团军继续进军，这时离新加坡还有160公里。

通过10天的进攻，日军在一路上不断地把盟军向南驱赶。日军主力在盟军的两翼快速推进并在盟军的背后登陆成功了。

正在穿越柔佛海峡的日本舰队

　　1月31日前，英军、印军、澳军部队全部撤离马来西亚半岛，退守新加坡岛。

　　驻守在新加坡的守军共45个营准备迎战日军的31个营。帕西瓦尔指挥下的守军至少能够消耗大量日军，因为守军人多势众，武器精良。但是，日军拥有制海和制空权，使日军在战斗中赢得了主动。

　　新加坡岛北部海岸离马来西亚半岛很近，正面有一条30英里宽的薄弱地带。日军能够在这一地带的任何一点发动进攻，帕西瓦尔把守军部队分散部署在防线上阻击日军。每一英里的防线上部署了一个营的兵力。剩下的15个营的部队部署在新加坡岛的中部，作为机动部队。

　　2月8日，日军集中主力越过柔佛海峡，进攻6个营的澳军部队。澳军面对日军的主力部队，进行了有效的阻击，可是最后被迫溃退。驻岛中部的英军连忙赶来进攻日军，可是无力把日军赶下海。日军再次以速度和疯狂的进攻弥补了人数的不足，突破了守军的防线。

守军全线撤退，在撤往新加坡的路上，不断地组织殿后阻击战。2月15日，日军占领向新加坡城供水的几座水库。新加坡城面临断水的危险，帕西瓦尔知道可能会有众多无辜的新加坡市民死亡。

帕西瓦尔不愿意造成大量无辜新加坡市民的死亡，只好率部向日军投降。2月15日晚，帕西瓦尔亲自扛着英国国旗向日军的防御阵地走去，一位军官扛着一面白旗紧随其后。

帕西瓦尔率领13万英军向6万日军投降了，这是英国人在历史上的最大耻辱。

"东方的直布罗陀"新加坡没有经过抵抗就陷落了。帕西瓦尔和守军带着耻辱乖乖投降，成了日军的战俘。日军恶习难改，大肆残害盟军战俘。英、印、澳军战俘被日军赶到临时修建的战俘营。

为了日后"拯救"印度，打败驻印英军，很多印军战俘从战俘营中获释，被日军编入印度国民军。东条英机成为日本的新首相，他马上下令：让那些剩下的战俘们去作劳役。

日本为了把扩大的"日本帝国"连在一起，决定修一条贯穿泰国进入缅甸的铁路线。这条铁路必须经过雾气笼罩的热带丛林和高山险谷。

为了修建这条铁路，日军强迫战俘们做苦力。战俘们在日军的残害下，经常遭到殴打，再加上吃不饱、穿不暖，疾病缠身。

在这条铁路线上，战俘们被从一个铁路工地赶到另一个铁路工地，忍受着巨大的磨难。

付出惨痛的代价后，战俘和当地劳工们修完了这条铁路。在修路时，至少有1.6万名战俘和6万名劳工惨死在工地上。

血染菲律宾

3月12日，麦克阿瑟奉命乘舰离开巴丹半岛，赴澳大利亚组建西南太平洋美军司令部。麦克阿瑟难过地向留下来的部队发誓："我一定会回来的！"

1941年12月7日，日军偷袭珍珠港引发太平洋战争后，第一周日军占领了泰国，进军马来西亚半岛。12月10日，日军同时在菲律宾登陆；12月25日，香港沦陷，驻港守军投降。日军将目光瞄准菲律宾。

由7000多个岛屿组成的菲律宾群岛是太平洋和南中国海、印度洋的交通要冲。吕宋岛是菲律宾最大的岛，岛上建有美国在远东地区最大的军事基地克拉克和甲米地。

日军企图攻占菲律宾群岛，把美军赶出远东地区，控制日本至东南亚间的海上交通线。

日军参战部队是由本间雅晴中将率领的第14集团军，下辖第16师、第48师和第65旅，共5.7万人。配属部队有海军第3舰队、第11航空队以及陆军第5飞行集团，装备了各种舰只43艘，飞机500架。另外，南方军的第25集团军的一些部队也给予支援。

美国在制定太平洋战区的作战计划时，对坚守菲律宾缺乏信心。夏威夷群岛海空军基地与菲律宾相距4000海里，很难支援菲律宾。菲律宾的防御主要靠驻菲美军和菲律宾军队。

美国希望远东军司令麦克阿瑟指挥驻菲美军能够挡住日军几个月，这样美国就有时间增兵了。在13万人的美菲部队中，美军只有1.6万人。菲律宾军队是仓促组建的，缺乏训练，装备很差。很多菲军官兵不准备抵抗日军，对他们来说，只是换了个新主人而已。

相反，日军拥有第16师团和第48师团，由曾经在中国身经百战的老兵组成。日军还有庞大的舰队支援，拥有2艘航空母舰、2艘战列舰、13艘巡洋舰和31艘驱逐舰。日军还可以利用台湾的陆基飞机攻击菲律宾守军。

麦克阿瑟于1880年1月26日出生在美国阿肯色州小石城，其父亲是美军驻菲律宾首任总督。

1903年，麦克阿瑟从西点军校毕业，成绩名列全校第一。1917年，麦克阿瑟出任美军第42步兵师参谋长，赴法国参加第一次世界大战。1918年11月，升任彩虹师代师长。

1919年，麦克阿瑟晋升少将，成为美军历史上最年轻的将军。1930年11月，麦克阿瑟成为美国历史上最年轻的陆军参谋长。

菲律宾战场上的麦克阿瑟

1937年7月，菲律宾陆军与驻菲美军合并，麦克阿瑟晋升中将。1941年6月，麦克阿瑟出任美国远东军司令。在太平洋战争中，麦克阿瑟指挥美军打败了日军。

1941年12月7日，美军陆军部作战处处长伦纳德·杰罗将军告诉麦克阿瑟，珍珠港已经遭到袭击，但没有说出美军的损失情况。

麦克阿瑟叫道："珍珠港！它可是美军最强大的基地呀！"杰罗说："不要大惊小怪，你那里也将遭到进攻，那是肯定的。"麦克阿瑟说："告诉马歇尔将军别担心，这儿没事。"

麦克阿瑟并不知道，美太平洋舰队已经遭受重创，他的菲律宾群岛成了没有人保护的孤儿，是注定要沦陷的。

麦克阿瑟不相信日军敢进攻菲律宾，他看不起"日本鬼子"。"日本兵绑腿不整，军衣宽大，裤管松弛，短短的罗圈腿"。

他以为日军在珍珠港肯定遭受了重创。他认为，受到重创的日军是不敢进攻菲律宾的。这种判断使他在菲律宾战役的最初几小时中对日军的战斗力缺乏足够的认识，疏于防范。

1941年12月8日9时，日军出动500架飞机把马尼拉附近的克拉克和伊巴机场上的200架飞机炸毁100架。后来，日军又多次发动攻击，几乎歼灭了麦克阿瑟的空中力量，炸沉美舰艇4艘，炸毁了海军巡逻机的1/4。

防御的主要支柱远东空军被日军摧毁以后，麦克阿瑟期待着能有什么奇迹出现，飞机没了，不是还有潜艇部队吗？美国最大的潜艇部队就在菲律宾群岛海域。美国的另一支护航舰队正朝马尼拉驶来。罗斯福总统还亲自发来电报，告知麦克阿瑟援兵正在途中。

可是，麦克阿瑟的所有希望都破灭了。12月中旬，海军上将金在听说日本在菲律宾海域部署了强大舰队以后，命令向马尼拉驶去护航的舰队改航，撤到澳大利亚。

这样，美国海军无法完成麦克阿瑟所提出的"彩虹5号"作战计划规定给它的补给任务，更不可能与日舰队决战了。

对海军的"背信弃义"，麦克阿瑟一直无法原谅。后来，麦克阿瑟说："棉兰老岛是能够通行的，这里由我们的部队坚守着。海军在以后两年内无法得到任何新的战舰，不是在作战中也取得了很大的胜利吗？"

麦克阿瑟希望靠潜艇部队保卫菲律宾，可随后几天，潜艇一艘艘地奉海军之命撤离菲律宾，哈特、威克斯等海军将领也趁机溜走。这种逃跑行为，使麦克阿瑟暴跳如雷。他在发给华盛顿的电报中，强烈指责海军的逃跑行为。并与海军产生了严重的分歧。

不过，海军将领们也到处都在讲麦克阿瑟的坏话，他们把麦克阿瑟逃离菲律宾时曾经坐过运输机的事情大肆宣扬，把运输机上的两个头等座位戏称为"麦克阿瑟席"，以讽刺麦克阿瑟。

12月20日，日军以1个联队的兵力占领了菲律宾第二大岛棉兰老岛。12月22日，日军登陆部队在海空军的护送下，绕过美军的重要防区，兵分两路在拉蒙湾和吕宋岛的仁牙因湾登陆。25日，日军在和乐岛登陆。17天内，日军在9处登陆成功。

由于菲律宾海岸线漫长，美菲部队的防御兵力分散。在日军的突然攻击下，麦克阿瑟被动应战。

日军主力部队在吕宋岛上的林加延湾一带发动进攻。麦克阿瑟认为美菲军队是日军的2倍多，完全可以守住吕宋岛。

根据原来的"桔子计划"，美军一旦遭到日军的进攻，马上退到首都马尼拉附近的巴丹半岛上，凭借那里的军需供给和坚固的防御工事阻击日军，等待海外援军的到来。

麦克阿瑟制定了新的作战计划，决定在海滩上迎击日军。结果，战线过长的2个菲律宾师在林加延湾的海滩上与两个身经百战的日军师团遭遇了。

在第一天的交战中，菲律宾军受到日军陆海空的立体攻击。菲律宾军队全线溃退，美乔纳森·温赖特将军出动训练有素的菲律宾童子军前去抵抗日军。450名菲律宾童子军用手中的轻武器抵抗日军装甲大队长达两个小时，为菲律宾守军的撤退赢得了时间。

麦克阿瑟原来决定退守巴丹半岛，可是现在守军必须打回巴丹半岛，路程长达240公里，还要经过崎岖不平的山地。最糟糕的是部队在撤向南方的路上，扔掉了大部分军需品。一支7000人的日军在马尼拉南面的拉蒙湾向马尼拉进军。

日军的本间将军命令日军马上攻占马尼拉，他以为美军一定在马尼拉进行最后的决战。麦克阿瑟趁机率部退守巴丹半岛。

1942年1月1日，一路日军进驻布拉坎、圣赫鲁和德门附近，一路日军进驻萨勃特，形成了对马尼拉的包围。1月2日，日军占领马尼拉。

1942年1月10日，日军向巴丹半岛的美菲军队发起总攻，由于南方

向马尼拉行动的日军战车部队

军把第5飞行集团和土桥师调走，参加荷属东印度群岛的战斗，菲律宾日军的力量大减。

这时，麦克阿瑟已经在纳蒂布山布置了防线。但部队的军需给养严重缺乏。士兵每天只得到一半的粮食供给，贮藏的粮食只够吃20天了。骑兵部队杀光马匹后，又杀光了水牛。由于药品匮乏，疾病蔓延全军。

1月初，日军进攻纳蒂布山的美菲军队防线，美军猛烈的炮火攻击给日军造成了重大伤亡。

1月15日，麦克阿瑟向巴丹守军宣布："我们的部队比日军要多得多。美国的援助就在途中，几万美军和几百架飞机正在调运，只要我们坚持，就能胜利；我们逃跑，就会死亡。"

麦克阿瑟为明显的谎话感到不安，不敢去见手下的官兵，以免出现尴尬的场面。士兵们看破了谎言，他们生气地唱道：我们是巴丹的弃儿，没有爹没有娘，山姆大叔也不知去向……没有枪没有炮，没人管没人要！麦克阿瑟狗，躲在地下面，吃喝在巴丹；且看他部下，饿死无人管。

一支日军大队穿插渗透，通过纳蒂布山最陡峭的山崖出现在纳蒂布山防线背后。美菲军面临被全歼的危险，麦克阿瑟下令向南撤退，被迫扔掉许多大炮。

1月26日，麦克阿瑟在巴加克—奥里翁一带部署了新防线。8万名守军和26万名难民挤在面积16平方公里的狭小阵地上。军民都沿着巴加克—奥里翁防线住着。

同样，日军的处境也不妙。日军进攻时伤亡惨重，再加上疾病流行，减员较大。

1月28日，日军被迫停止进攻。本间将军渴望得到给养补充和援军的增援。直到3月初，日军不断向菲律宾增兵。

3月底，持续的饥饿，酷热的天气，肆虐的疾病不断地折磨着美菲军队。因为由于日本海军拥有制海权，军需给养品无法运到被围困的巴丹守军那里，麦克阿瑟频频向罗斯福总统求援，可他却得不到任何补给品。

组织救援远征行动使仅剩的美国舰队陷入绝境，罗斯福不肯冒这个险。巴丹守军只能靠自己了。

麦克阿瑟指挥时犯了多次严重的错误，军官们对此十分不满。他们为了讽刺麦克阿瑟总躲在防线后面指手画脚，称他为"防空洞里的麦克阿瑟"。而日军也视麦克阿瑟为眼中钉、肉中刺。

相对于全世界盟军的大溃退来说，麦克阿瑟指挥美菲部队抵抗日军成了亮点。从1941年12月8日至1942年3月11日所发布的142份战报中，有109份提到麦克阿瑟。一些国会议员把他捧上了天，企图把他调回国内担任陆军元帅。

麦克阿瑟成了美国在第二次世界大战中的第一位英雄，国会授予他荣誉勋章，菲律宾总统奖励他50万美元。

尽管菲律宾是守不住了，但罗斯福认为，美国太需要麦克阿瑟这样的英雄了，不能死在巴丹半岛。

3月12日，麦克阿瑟奉命乘舰离开巴丹半岛，赴澳大利亚组建西南太平洋美军司令部。麦克阿瑟难过地向留下来的部队发誓："我一定会回来的！"疲惫不堪的美菲部队心里都明白，他们的司令官临阵逃跑了。美菲部队所期待的增援彻底落空，美军士气更加低落。

当麦克阿瑟乘坐火车进入墨尔本时，澳大利亚人把他当成救星一样来欢迎。麦克阿瑟希望率领澳军收复菲律宾，可是澳大利亚还不足2.5万陆军，大部分是后勤部队；空军的飞机大部分无法使用，海军的情况更糟糕。

巴丹岛上的美菲部队由温赖特将军指挥，他知道灭亡之日不远了。美菲部队在南面击退了日军的几次登陆行动。

4月初，日军在东南亚其他战场势如破竹，两个师团也来增援菲律宾。4月3日，日军3万人向巴丹守军发动了第二次总攻，准备歼灭巴丹部队。

麦克阿瑟正在澳大利亚，下达了全线反攻的命令。巴丹守军不服从他的命令。巴丹守军每天饿得要死，再加上近80%的人患了疟疾，75%的人患了痢疾，35%的人患了脚气。

在日军的疯狂进攻下，巴丹守军全线溃退。温赖特将军把指挥部搬到小小的科雷希多岛上。4月9日清晨，巴丹半岛的守军7.5万人全部投降。

为了阻止来自海上的日军登陆，温赖特将军组织部队在科雷希多岛上架满了大炮。另外，守军可以躲在科雷希多岛上的许多石头坑道中。

科雷希多岛的守军明显地处于劣势，他们的供给严重匮乏，尤其是缺乏淡水。这支部队还遭受着疾病的折磨。

日军决心结束菲律宾战役，用100门大炮包围了科雷希多岛，进行长达3个多星期的毁灭性炮击。5月4日，在日军进攻以前，日军发射了16万发炮弹。由于缺乏弹药，守军的海岸大炮几乎没有还击。

日军轻型坦克配合步兵全力进攻科雷希多岛上的美菲联军

5月6日，日军快靠近海滩时，温赖特率守军给日军以重创。很快，日军的士兵和坦克纷纷登陆了。

上午10时，温赖特向美国发报，他说："请通知全国，我的部队已经完成了所有能做的一切，我们捍卫了美国和美军的优秀传统……我带着对我顽强的部队的无限骄傲去见日军指挥官了。"很快，温赖特率科雷希多岛上的1.5万人投降了。

接着，菲律宾群岛其他岛屿的美菲部队多数投降，一部分解散或者躲进深山密林。日军在菲律宾战役中伤亡1.2万人。

不足2万人的日军驱赶着刚刚抓来的战俘开始了新征程。日军没有想到能够抓到这么多的战俘，更没有想到日后战俘的处境会那样恶劣。

投降的战俘被迫从巴丹半岛南端的马利维尔斯步行到圣费南多战俘营，行程1000多公里。

日军决定分阶段行军，希望能够随队带足至少4万名俘虏的给养，可是日军无法弄到那么多的给养。俘虏们没有车辆，缺乏补给，没有药品。日军根本瞧不起投降的战俘，对战俘犯下了许多罪行。许多跟不上行军的速度，或者从菲律宾平民那里接受水或食品的人，都被日本兵用武士刀劈死。

被疾病缠身并快饿死的战俘需要走很长的路才能到达战俘营。在庞大的战俘队伍中，泰勒上尉被俘时还穿着马靴。在半路上，他的靴子很沉，日本兵拿刀划破他脚上的水疱。他得上了痢疾，快病死了。两个美国人想架着他一起走。行进速度很慢，一个菲律宾人冲他们大喊，说日本兵过来了。日本兵跑到他们的面前，一刀捅透了泰勒的身体。他们只好扔下泰勒，追上了队伍，就这样，饥病交加的战俘队伍在烈日下步行，途中许多人倒毙，日军对战俘任意杀害，到达战俘营时剩下的已不足半数。许多战俘认为这是一次死亡行军，还会有更多的死亡行军在等待他们。

菲律宾的陷落，标志着日军在南线战场上大获全胜。日军凭借海空军优势，以快速推进和集中兵力的战术弥补人数上的不足，取得了令人难以置信的战果。

实力强大的美英澳荷联军被日军逐个击破，美英澳荷联军过于依赖当地人作战。联军本来应该在新加坡和菲律宾防御的时间更长，却由于严重的指挥错误酿成了人间悲剧。

西方国家在东南亚地区的老牌殖民地大多数被日军攻占。美英荷澳联军变成了遥远的回忆，澳大利亚成为西方国家在太平洋上最后的阵地。

就像山本五十六所预料的那样，日本得到了关键的资源，在日本本土周围建起了"大东亚共荣圈"。

兵进爪哇海

"休斯敦"号和"珀斯"号与日舰队进行了长时间的激战，后来他们打光了弹药，只好向日舰撞去，撞沉和撞坏6艘日舰，最后均被日军击沉。

日军占领马来西亚、婆罗洲和菲律宾群岛后，贪婪地望着荷属东印度群岛。

荷属东印度群岛位于亚洲大陆、澳洲大陆、太平洋和印度洋之间，由爪哇、苏门答腊、婆罗洲等3000多个岛屿组成，拥有丰富的石油、橡胶、锡、生铁、煤等物资。

东印度群岛是澳大利亚的天然屏障，澳大利亚没有设防，它的军队都在欧洲作战。美英荷澳部队分散驻守在东印度群岛的广阔地区，为了有效防御，盟军拼凑了一支美英荷澳联军。1942年1月10日，英国人阿奇巴尔德·韦维尔将军到达爪哇，指挥联军。

联军的指挥体系庞大、混乱，他们驻守在广阔的东印度群岛上。美英军的官兵多数是从菲律宾群岛和马来西亚半岛败退的。荷兰部队多数是当地人，与荷兰殖民者有很深的矛盾。各国部队接受双重领导，无法统一指挥。

联军的海军力量比较强大，拥有11艘巡洋舰、27艘驱逐舰和40艘潜艇，这就是联军的全部家当了。

但是，使荷兰人失望的是只有一个荷兰军官参加联合司令部。东印度群岛可是太平洋战区最富饶和最重要的战略要地。

赫尔弗里希作为荷属东印度群岛的荷兰皇家海军司令，最熟悉东印度群岛，却被迫在办公室里闲着，无法与联军司令部取得联系，因为从来没有人征询他的意见。

东印度群岛的盟国陆军有9.2万人，包括东印度军7.5万人，舰只146艘，300架飞机。

1941年12月16日，日军攻占婆罗洲北部的米里和斯里亚，25日攻占古晋。

从1942年1月10日起，扎拉根的联军就开始破坏油井、港口设施和航空基地。1月11日，日军进攻打拉根，双方发生了激战，联军伤亡惨重。1月12日7时30分，打拉根的指挥官宣布投降。电话线被切断了，投降的通知没有传到岸炮连。岸炮连击沉了2艘日军扫雷艇，事后岸炮连的所有人员被处死。

从1942年1月11日至2月20日，日军依次占领了打拉根、巴厘巴板、马辰、苏拉威西岛、根达里、安汶岛、帝汶岛。这时，联军失去了后方。

2月14～15日，日军伞兵部队在巨港着陆。同时，日军约1万人在巨港登陆成功。2月15日，日军占领巨港，联军炸毁炼油设施后退守爪哇岛。

2月19日，日军派出舰载机200架，轰炸澳大利亚的达尔文港，炸沉 11 艘舰艇，击毁 23 架飞机。西路日军第 38 师一部的任务是攻占苏门答腊岛上重要石油资源地港。

这时，日军从东西北三个方向对爪哇形成了包围。

在第一阶段的作战中，盟军的兵力过于分散，飞机损失较重，接连失利。2 月 25 日，韦维尔将军被迫下令撤销盟军司令部，爪哇岛的防御由荷兰人指挥。

第二阶段是爪哇海战。

1942 年 2 月下旬，美英荷澳的太平洋舰队多次进攻日军的登陆运输舰队。

2 月 23 日，日军第 48 师分乘 48 艘运输船，在第 4 水雷战队、第 2 和第 9 驱逐舰战队的护送下，由巴厘巴板港启航，驶向泗水。

27 日，杜尔曼率领联军舰队主力离开泗水，驶向爪哇海。

弗里德里克·杜尔曼于 1889 年 4 月 23 日出生在荷兰的乌得勒支城。从 1938 年 8 月 17 日到 1940 年 5 月 16 日，杜尔曼在东印度群岛担任荷兰

空袭爪哇南岸芝拉扎港的日军第 5 航空队

皇家海军航空兵指挥官。后来，杜尔曼出任联军舰队总指挥。

1942年2月27日当天夜间，联军舰队从马都拉北海岸驶往萨普迪海峡一带，然后回到图班，没有找到日登陆舰队。有人指出，联合舰队还可以再向北寻找，这样能够靠近日登陆舰队。

杜尔曼指出，日军或许实施夜间登陆，若向北航行，很有可能错过日运输舰队。

赫尔弗里希将军命令驻玛琅的美空军出动"解放者"式轰炸机对联合舰队提供援助。可是，联合空军司令部却命令美国飞机撤离玛琅。

同一天，赫尔弗里希将军在日运输舰队的航线上部署了潜艇。但赫尔弗里希无法指挥这些美国潜艇，其中一艘曾向在马威安登陆的日军开炮。

下午14时27分，杜尔曼得到侦察机的报告：在马威安附近发现了日运输舰队。杜尔曼连忙率领舰艇向日舰队冲去。

杜尔曼指挥的联合舰队由5艘巡洋舰和9艘驱逐舰组成。这支日运输舰队由海军少将高木指挥，它拥有4艘巡洋舰和14艘驱逐舰。

日军占有明显的优势。杜尔曼的通讯能力很差，无权指挥飞机进行侦

杜尔曼的旗舰"德·鲁伊德尔"号轻巡洋舰

察，西村则不断地出动飞机进行侦察。

杜尔曼的海军舰员都十分疲惫，但士气高昂。

日军拥有一种新武器——93型鱼雷，航程很远，而且航迹很小。

双方进行了一个小时远距离的炮战。双方的炮击都不准，无法命中对方，日舰动用了穿甲弹，重创联军的巡洋舰"埃克塞特"号。杜尔曼将军为了保护"埃克塞特"号，指挥舰队撤退。日本驱逐舰紧追不舍，发射鱼雷击沉了一艘联军的驱逐舰"科顿纳尔"号。

联军舰队撤出了战斗，杜尔曼派大部分驱逐舰返航加油，他自己率4艘巡洋舰和1艘驱逐舰继续寻找日舰队。

晚上10时30分，杜尔曼的舰队找到日舰队。日舰队在距联军舰队7315米处发射鱼雷，击沉了两艘巡洋舰。杜尔曼将军葬身大海。

联军的巡洋舰"休斯敦"号和"珀斯"号都逃跑了，第二天晚上，日舰队追上这两艘巡洋舰。"休斯敦"号和"珀斯"号与日舰队进行了长时间的激战，后来它们打光了弹药，只好向敌舰撞去，撞沉和撞坏6艘日舰，最后均被日军击沉。

爪哇海战结束了，联合舰队推迟了日军进攻爪哇一天的时间。

第三阶段是爪哇登陆战。日军对爪哇岛发动了大规模的连续轰炸。

3月1日，日军在爪哇岛的东部和西部登陆，几乎未遇到有力的抵抗。日军切断了爪哇北部的铁路线，同时包抄了东印度群岛的海军基地泗水港。

日军占领了岛外所有的机场，爪哇首府雅加达、联军总司令部所在地万隆和海军基地泗水港都被日军孤立。

3月5日，雅加达沦陷。7日，万隆沦陷。8日，日军占领泗水港。3月9日，荷属东印度群岛代总督逃往澳大利亚，联军向日军投降。

在爪哇战役中，日军俘虏了联军8万多人，缴获177架飞机，日军损失1.2万人。

深入缅甸腹地

在亚历山大的求援下,中国第6军第30师进攻仁安羌,英军第1师7000多人和被日军俘虏的英国传教士、记者、军人等共500多人获救。

缅甸位于日本与英国最大的殖民地印度之间,是中国国民党军队的重要国际补给线。补给品由南起仰光港,北至腊戍,长达965公里的铁路运输。另外,补给品从腊戍途经缅甸公路,也可以运往中国。

缅甸人不满英国人的统治,缅甸人与英国人之间存在着高度的紧张关系。

当时,英印军总兵力为3万人,包括一支英军师和第17印军师。中国的第66军奉命保护北部的缅甸公路,史迪威将军指挥的另外两个中国师保卫中缅边境。另外,盟军还有一个英国飞行中队和"飞虎队"。

盟军部队,特别是"飞虎队"尽管在仰光保卫战中进行了英勇抵抗,但还是被打败了。日本在缅甸掌握了制空权。

1942年1月,日军兵分三路攻打缅甸,缅甸成为太平洋战场的焦点。

1月31日,日军第55师团1万多官兵经过长途跋涉,仅凭轻武器竟打败3万英印军,攻占毛淡棉。

通向缅甸内陆的门户大开,仰光城完全暴露在日军面前。那时,缅甸的守军由驻印英军总司令韦维尔遥控指挥。

2月初,日军利用闪电战和分割包围的战术突破了第17英印军在萨尔温江上的防线。英印军退守锡当河一带坚守仰光。

英军撤退时,日军进攻了印军第17师,并准备夺取锡当河上唯一的大桥。英军指挥官派人炸掉了大桥,以阻止日军过河。当时,印军第17师正在河对岸苦战。第17印军师拼死杀敌,终于冲出了包围圈。他们来到大桥边,看到唯一的生路被炸,士兵们扔掉沉重的武器和弹药,游过湍急的河流。有3300名官兵游到了对岸,可是却没有了武器。

3月5日,英国名将亚历山大飞抵仰光,出任驻印英军总司令。

亚历山大到达仰光后知道败局难以改变,日军正进攻仰光外围防线的勃固,并向北翼进攻,准备切断仰光至卑谬的退路。

为了成功撤离,亚历山大调来一个装甲旅以加强火力。现在仰光只剩下最后一条向北的通道,它可通往北面的卑谬。亚历山大下令炸毁仰光炼油厂,破坏城市设施,从仰光——卑谬公路向北撤军。

3月8日,日本占领缅甸的仰光。日军占领仰光后进行了短暂的休整。日军第18师团和第56师团赶来增援,并调来100架飞机。

日军经过增援,兵力大增,继续追击溃退的英印军,一直追到伊洛瓦底江河谷。

缅甸战场上的日军

经典 全景二战丛书 血战太平洋

缅甸战场上的日军装甲车

第二章 进犯东南亚

英国在欧战中惨败，在德国空军不断的轰炸下异常危险，无法救援缅甸。早在1941年12月23日，英国曾与中国签订《中英共同防御滇缅路协定书》。

当1942年3月8日，日军占领仰光时，中国远征军第1路第5、第6、第66军奉命入缅参战。

3月8日，中国远征军第5军第200师进驻同古地区，奉命阻击日军，为第5军展开兵力争取时间。18日，第200师在皮尤河以南地区与日军第56师团遭遇，把日军击溃。19日，歼灭了日军的前卫中队。

同一天，日军主力部队进攻第200师，激战至25日，第200师被日军重重包围。29日，第200师奉命撤退，转为预备队。

与此同时，亚历山大准备撤退到曼德勒南面，因为曼德勒驻有一个中国师。突然，亚历山大发现了两翼包抄的日军，他知道大难临头了。3月24日，英印军在卑谬和东吁一带大溃退。

4月5日，日军第56师团和第18师团一部向中国远征军第5军新编第22师发起总攻，遭到新22师的顽强阻击。

4月上旬，日军第33师团突破英印军坚守的扎勃坦、亚兰谬等阵地，绕到英军的后面，占领仁安羌，把英军7000多人包围。

在亚历山大的求援下，远征军第6军第30师进攻仁安羌，英军第1师7000多人和被日军俘虏的英国传教士、记者、军人等共500多人获救。

英军获救后，中国远征军新30师被日军包围，英军却秘密逃往印度，使第5军右翼突然遭受日军的进攻。

由于中国远征军第6军在新30师西调后防线出现了漏洞，第66军又来不及增援，日军趁机进攻，攻占了棠吉、腊戍、八莫、密支那等地，对第5军形成了包围。

中国远征军第71军奉命入缅反攻，把日军打回怒江西岸，与日军隔江对峙。

第5军和新30师于5月突围成功，新22师、新30师在史迪威中将率领下撤到印度，其他部队翻越了荒无人烟的热带雨林，回到中国。中国远征军入缅11万人，仅回来4万人。

4月底的时候，日军已做好了攻打曼德勒的准备。

盟军部队弹尽粮绝，放弃了缅甸。亚历山大率英军朝缅甸西北的葛礼瓦撤退，他希望这样做能够防守印度。

由于英印军的撤退路线需穿过荒无人烟的热带雨林，经常遭受到日军的冲击，许多当地士兵逃走了，几千人死在雨林中。

5月17日，英印军残部逃到印度的英帕尔。此时英印军仅剩1.7万人，缅甸战役开始时共有3万人。缅甸沦陷后，印度的东大门受到日军威胁。这时，日本帝国已经变成了强弩之末，日军再也无力向前推进了。

第三章
鏖兵珊瑚海

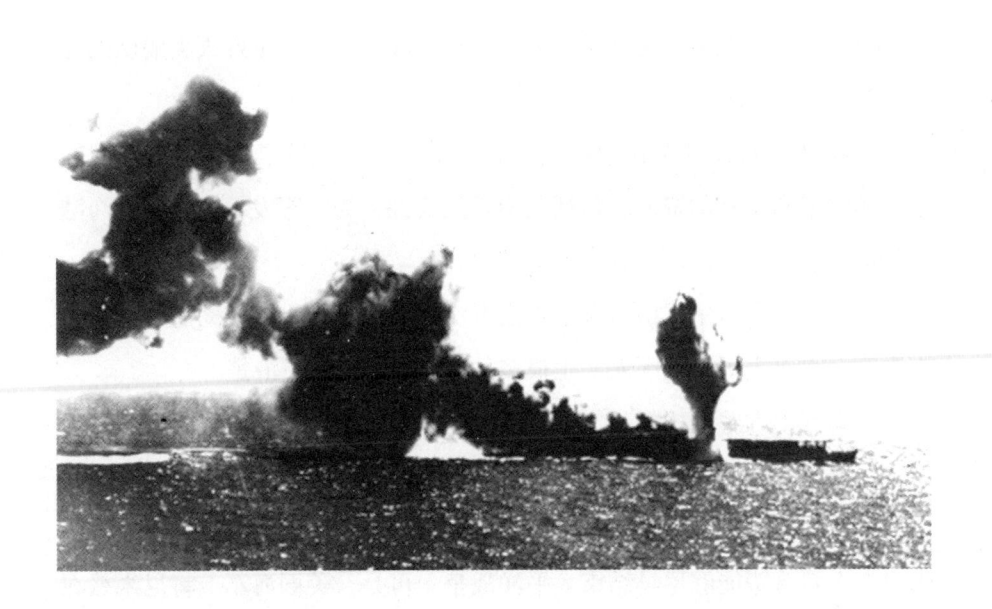

东京遭到第一次空袭

正在吃午饭的东京市民纷纷涌上街头,为日本空军的精彩表演大声喝彩。直到美国空军的炸弹一枚枚从飞机上投下来,高爆爆炸引发了大火,东京市民才明白原来是美军飞机前来轰炸,人们拼命乱逃,到处躲藏。

1941年12月7日,日本偷袭美国海军基地珍珠港后,美国陆海军和航空力量受到重创。让联合舰队司令长官山本五十六深感不安的是美国的太平洋舰队有3艘航空母舰竟不知所踪。

当时,山本五十六又开始策划中途岛海战,准备一举歼灭美舰队的海空力量。

1942年4月,日军在中国大陆和太平洋一带占领了许多地区,掠夺了巨额财富和丰富的资源,包括东南亚的石油,为日军发动大规模的海陆战创造了基本的条件。

在日本的要员中,山本五十六没有沉浸在称霸太平洋的幻想中。因为山本五十六对美国和美国人,比很多日本人要了解得更清楚。

山本五十六曾经担任日本驻华盛顿的海军武官多年,曾经赴美国各地游历,秘密考察了美国的军事潜力。他发现美国拥有强大的经济基础和军事潜力,如果美国完全转入战争轨道,日本根本无力与美国对抗。因此,山本五十六希望能够尽早结束太平洋战争。可是,美国海军上将尼米兹在日军偷袭珍珠港以后临危受命,出任太平洋舰队的司令。由于该舰队刚受重创,几个月来尼米兹一直避免与山本五十六强大的舰队正面交战。

尼米兹是美国军界公认的优秀将领。1905年,他毕业于安纳波利斯海军学校，历任潜艇艇长、潜艇大队队长。

毕业后，尼米兹历任"主力舰队"及"合众国舰队"助理参谋长、海军后备役军官训练团团长。1927年，尼米兹担任巡洋舰舰长。

1938年，尼米兹担任战列舰大队长兼任第7特混编队指挥官。在长期的军事生涯中，他以洞察力强、头脑冷静、处事果断而著称。

人们相信处事果断的尼米兹能够带领太平洋舰队走出失败的阴影。

尼米兹在上任后的前几个月中，发动了一些"打了就跑"的偷袭，以便恢复海军的士气。其实，他正在潜心地等待着战机。

珍珠港遭到偷袭不久，美国海军为了振奋国民的士气，准备空袭东京，以雪前耻。

1942年，日本的"日东丸"23号渔船在日本以东洋面往来穿梭几个月。"日东丸"23号渔船的行动很奇怪，在海上不停地往来，定期从补给船得到补给。

"日东丸"23号渔船连续几个月都没有撒网，不可能捕到鱼。这片海域距离日本海岸线长达1000公里，风急浪高，显然不是较好的渔场。

而"日东丸"23号的船长与船员们都没有因为捕不到鱼而表现出懊恼。渔船肯定有特殊的使命，原来它已被日本海军征用了，专门侦察美海军太平洋舰队的活动情况，以及美舰队是否前来袭击日本本土。

4月18日清晨，太阳刚从远处海天相连处升起。笼罩在海面上的薄雾已经消散。一些船员站在甲板上，到处观望。突然，他们都发现了目标。

在远方海天连接的地方，一支海军舰艇编队从东向西排列，向日本海方向冲来。

日本渔船的船长连忙拿起望远镜认真侦察，他发现远处海军的舰艇甲板上的水兵都是高鼻子、凹眼睛，上面还有一些黑人水兵。噢，原来是美国舰队！再侦察，美国舰队队形十分密集，多达七八艘大军舰，都是大型

"大和"号战列舰

战舰。战舰甲板上的飞机在阳光下发出银灰色的光芒,连肉眼都能看见。

"3艘航空母舰!"日本船长心跳加剧,非常兴奋。他发现了美国航空母舰,并且是3艘,这个功劳一定很大。想到这里,船长连忙开启无线电台,连通东京海军指挥部,报告了这一重要情况。

船长还在继续报告,向海军指挥部提供航向、航速等细节。突然,一艘美国巡洋舰冲了过来,一阵齐射击碎了木壳渔船"日东丸"23号。不久,海面上浮起小渔船的航海日志,上边写道:4月18日晨6时30分,侦察到3艘美国航空母舰。

在"大和"号巨型战列舰上,日本海军联合舰队司令官山本五十六听了"日东丸"23号发来的情报时,大吃一惊。日、美开战几个月来,山本五十六心情十分沉重,生怕美国海军会采用南云舰队偷袭美国海军基地珍珠港的计划,派遣特混舰队偷袭日本本土,炸完就逃。这个结果将严重影响日本国民的士气,危害天皇的安全,使日本海军颜面尽失。

山本五十六在内海警戒圈以外，征用了很多日本渔船，顺着日本海岸线以东 1000 公里的太平洋深处，布设了一道外层警戒线，为的是更早地发现前来偷袭的美国太平洋舰队。与此同时，山本五十六制定了歼灭美太平洋偷袭舰队的战术方案。结果，等待已久的美国舰队终于自投罗网了。

依据"日东丸"23号发来的报告，美太平洋舰队的航空母舰全都来了，到达日本以东洋面 1000 公里的海面。山本五十六估计美军舰载机的作战半径为 800 公里，必须在距离日本海岸 800 公里处起飞，航空母舰必须在攻击海面逗留，等收回飞机再返航。

这样，美太平洋舰队必须从"日东丸"23号沉没的海面向西航行 12 小时才能够到达攻击海域，使舰载机升空。东京将在午夜或者 19 日凌晨遭到美机空袭。这使山本五十六几乎有一天时间用来迎战，想到这里，他感到松了一口气。他仍有机会使东京不受美机轰炸。

4月18日上午，山本五十六从"大和"号联合舰队司令部中，通过无线电发出许多密令，派遣部队，实施歼灭美舰队的战术方案。

日本海军全部出动了。横须贺的第2巡洋舰队、广岛湾的第1战列舰队，全都启航，朝东快速行驶。由印度洋返航，刚刚到达台湾附近海域的南云舰队 4 艘航空母舰，也驶到预定为美舰载机起飞的海域附近。

一支大型海军岸基航空兵编队，从东京的空军基地起飞，朝东飞到航程极限，寻找美国舰队。而东京防空，山本五十六认为，晚 12 时以前美机不可能轰炸东京。

中午 12 时，两架美军重型轰炸机，躲过高空侦察的日本战斗机，由低空冲过东京湾，飞到了东京上空。接着，10 多架美机，贴着东京市区的楼房顶层，呼啸飞过。

正在吃午饭的东京市民纷纷涌上街头，为日本空军的精彩表演大声喝彩。直到美国空军的炸弹一枚枚从飞机上投下来，高爆爆炸引发了大火，东京市民才明白原来是美军飞机前来轰炸，人们拼命乱逃，到处躲藏。

几乎同时，名古屋、大阪和神户等日本大城市都遭到美机的轰炸。日本防空指挥部连忙拉响了防空警报，美军轰炸机群早就飞出日本，扬长而去。

日军战斗机飞行员们惊慌失措，不知道美军飞机从什么地方飞来，又朝什么地方逃走。山本五十六也不知道为什么：飞到东京的美机是重型陆军轰炸机，没有从航空母舰甲板上起飞。

但距离东京最近的美国地面机场，也有5000公里远，超过美国陆军轰炸机的航程很多倍。美机到底是从什么地方飞来的？又飞向哪里呢？这成了当时的一个谜团。

大洋彼岸的美国媒体，对美国飞机4月18日袭击日本东京反复报道。美机炸死了50个日本人，炸毁东京90座建筑物，虽然战果很小，但足以扫除日军偷袭珍珠港以来美国人民心中的阴影，鼓舞了美国人民的士气。

罗斯福在首都华盛顿召开记者招待会，当记者询问美机从什么地方起飞空袭东京时，罗斯福笑着说："美国飞机是从香格里拉启航的。"事实上，美国轰炸机也不可能从香格里拉启航。

任何美国的地面机场与东京的距离都太远，超过航程较远的陆军轰炸机的航程。空袭东京的任务可以由海军舰载机完成，但舰载机的作战半径仅为800公里，航空母舰必须从距离日本海岸800公里的海域放出舰载飞机，再等待几个小时，等收回飞机后，再连忙撤退。

这同时是日本岸基飞机的活动半径，航空母舰容易被日本的战舰编队攻击，还容易遭到日本岸基飞机轰炸。这对美国海军的航空母舰来说，等于毁灭。

美国海军方面只能另寻其他方案：用航空母舰携带航程较远的陆军轰炸机到距离日本海岸800公里的海面放飞。轰炸机完成任务以后，继续向西飞，到中国华东地区的机场降落。这样一来：航空母舰能够立即返航，

航母上准备起飞轰炸东京的 B-25 轰炸机

从危险的海域逃脱，躲避日本岸基飞机的攻击；而放出的陆军轰炸机也有了降落的地点！

最大的难题就是征调能够从航空母舰甲板上起飞的远程陆军轰炸机和敢驾驶陆军飞机由航空母舰起飞的飞行员。美国海军立即想到了陆军航空队的杜立德上校。

杜立德上校是美国王牌飞行员、试飞员和飞行速度创世界纪录保持者。他主张使用 B-25 米彻尔式陆基轰炸机，主动提出驾驶 B-25 飞机在航空母舰上进行起飞试验。

B-25 飞机是当年服役的新型重型轰炸机，载弹达两吨重。按照杜立德的要求，机械师对飞机进行了改造，减小了负载，增添了副油箱，使它携带 2000 磅炸弹，能飞 4000 公里，达到了杜立德的要求。接着，杜立德率领出类拔萃的飞行员们，在模拟的航空甲板上，练习短距离起飞和海上远程飞行技术。

通过一个月反复地训练,杜立德和队员们掌握了驾驶陆基重型轰炸机在航空母舰的甲板上短距离起飞的新技术。

1942年4月2日,美军航空母舰"大黄蜂"号载着特遣队的飞行员们和16架改装好的B-25型陆基轰炸机,由美国旧金山出发,绕过北航线,在指定海域与"企业号"航空母舰和巡洋航会师,编成特遣舰队,前呼后拥,向西航行,偷偷地向日本海域驶去。

美舰队准备4月18日夜晚到达距离日本海岸800公里的海域,午夜发出轰炸机升空,舰队立即返航,而16架轰炸机在杜立德的率领下,趁夜色向日本飞去,19日清晨飞临日本,完成轰炸任务后,飞往华东降落。

4月17日,美特遣舰队到达距离飞机起飞指定地点24小时航程的海面,机械师们对出发的飞机进行了检查。甲板人员为飞机加满了燃油,装好了炸弹。

美国飞行员把以前日本政府授予美国人的4枚日本勋章系在炸弹上,并写道:"请尝一尝轰炸的味道。"美国飞行员想用这种方法把日本政府发的勋章还给日本。

傍晚,一艘日本哨舰的回波闪现在"大黄蜂"号的雷达屏幕上。日本哨舰没有发现美特遣舰队。美特遣舰队连忙转向,躲开日本哨舰,向西航行。只要再航行一夜,就能成功,18日清晨,在距离日本海域1000公里处,美特遣舰队将"日东丸"23号渔船击沉。

当时,美国特遣舰队陷入两难境地:继续向西航行会使舰队闯入日本岸基飞机和日本海军舰队的包围圈;飞机马上起飞会使飞机的作战航程增加200公里,由夜间轰炸变成了白天轰炸,很可能遭受日本防空火力的打击。而且在中国机场降落的时间从白天变成了深夜,飞行的危险大增。

杜立德认真计算了由航空母舰起飞途经东京到达中国华东各机场的距

离后，决定立即率队起飞。

4月18日早晨7时25分，杜立德在美特遣舰队全体官兵的欢送下，第一个驾机从航空母舰的甲板上起飞。其他15架飞机也在官兵们的祝福声中，一架接一架滑出甲板。美特遣舰队立即向东撤退。

杜立德带着队员们，驾机取道低空航线，朝日本海岸飞去。4小时后，美机飞临日本领空，杜立德亲率13架飞机赶往东京，另3架分别飞往名古屋、大阪和神户。16架美国轰炸机趁日本人还没有反应过来时，向目标区投射炸弹，立即飞离。

15架美军轰炸机向西南方的中国飞去，午夜在中国华东各机场降落。1架美军轰炸机在苏联境内迫降成功。参战的82名美国飞行员，3人死亡，8人被日军俘虏，其他均安全地回到美国。

很久以后，日本军部才了解了美机轰炸东京的具体方法。为了防范此类的偷袭，日军采取了很多措施：调来200艘战舰攻打中途岛；调来10万陆军进攻华东各地的空军机场；从中国调回战斗机在日本防空。对日本至关重要的战略计划，竟被16架前来偷袭的美国轰炸机给打乱了。

图拉吉岛海战初失利

在此以前，"约克城"号上的鱼雷机和俯冲轰炸机已经在图拉吉岛上空，开始了频繁而猛烈的空袭。中午，美军损失了3架飞机，但击沉日军1艘驱逐舰、1艘运输舰、2艘扫雷艇，击伤1艘巡洋舰、1艘驱逐舰、1艘运输舰。

1942年春天，根据山本五十六的战略计划，珊瑚海成了主要的战区，再次破坏了太平洋地区的宁静。如果日军控制了珊瑚海地区，就拥有了牢固的海空军基地，从而威胁同盟国的重要反攻基地澳大利亚。日本海军部决定，第二阶段第一期作战的重要目标是攻占莫尔兹比港。

莫尔兹比港位于新几内亚岛的东南部，是澳大利亚的海空军基地，同时是澳大利亚北部海域的战略要地。日军占领莫尔兹比港能够保护腊包尔和新几内亚的日军要地，还能牵制澳大利亚北部的盟军航空基地。这样，日军攻打新喀里多尼亚、斐济群岛和萨摩亚诸群岛时，翼侧就有了安全保障。

1942年初，日军在第一阶段作战中曾经试过进攻莫尔兹比港，但以战败告终。当时2月2日，日军军部批准了进攻莫尔兹港的作战指令，命令陆海军配合进攻新几内亚东部的莱城、萨拉马瓦，再进攻莫尔兹比港。

海军还可趁机进攻图拉吉岛，切断所罗门群岛南部的瓜达尔卡纳尔的水道，建立航空基地，保护莫尔兹比港作战日军的翼侧，为以后向东南方向发展提供援助。

日本军部的目的是，占领英属新几内亚的东部要地以及所罗门群岛的要地，割断澳大利亚与新几内亚的东部要地、所罗门群岛的联系，同时威胁澳大利亚的北部海域。

3月8日，日军登陆成功后立即攻占了莱城和萨拉马瓦。可是，因为日本海军的航空母舰主力正在印度洋作战，日军无法控制西南太平洋的制海权。3月10日，日本的一支护航运输船队遭受美国航空母舰舰载机的疯狂轰炸，一半舰船沉没。日军被迫停止进攻莫尔兹比港。

到了4月，当陆军的兵力得到补充、日本海军的航空母舰主力回到太平洋后，日军有能力实施第二阶段的进攻战后，日本军部决定于5月10日左右再进攻莫尔兹比港，行动代号为"MO"。

日本海军中将井上成美指挥的第4舰队承担进攻重任。登陆部队共5000人，由第55步兵师崛井富太郎少将率领，配备100辆车和1000匹马。海军兵力为第4舰队的主力，包括第5战队、第6战队、第18战队、第19战队、第6水雷战队和海军陆战队一部，还有海军岸基航空兵第5部队。

为了对付驶入西南太平洋的美国航空母舰编队，山本五十六命令第5航空母舰战队的重型航空母舰"翔鹤"号和"瑞鹤"号，联合舰队的轻型航空母舰"祥凤"号赶来保护第4舰队。整个进攻舰队合称"MO"特混舰队，共拥有3艘航空母舰、11艘巡洋舰、15艘驱逐舰，还有60多艘炮舰、驱潜舰、扫雷舰、运输舰等。日军还拥有岸基飞机70多架和舰载飞机137架提供空中支援。

1942年4月23日，第4舰队下达命令："5月上旬陆海军部队共同攻占并坚守莫尔兹比港；海军部队攻占并保卫图拉吉岛以及新几内亚东南部的要地；在以上地区和岛屿建立航空基地。以上作战完成以后，再以一部兵力攻占吉尔伯特群岛的瑙鲁岛和大洋岛，保护磷矿资源。"

第4舰队制定的作战时间为：5月3日占领图拉吉岛；5月10日占领莫尔兹比港；5月12日占领新几内亚东南角的萨马赖岛；5月15日占领瑙鲁岛和大洋岛。

为了使以上目标能够完成，"MO"特混舰队分成5支舰队：进攻莫尔兹比港的舰队，包括运载陆军登陆部队和海军陆战队的11艘运输船和1支驱逐舰中队；进攻图拉吉的舰队，主要负责在图拉吉建立水上飞机基地；支援舰队，负责在路易西亚德岛建立水上飞机基地；掩护舰队，由轻型航空母舰"祥凤"号、4艘重型巡洋舰和1艘驱逐舰组成；机动突击舰队，由2艘重型航空母舰"翔鹤"号、"瑞鹤"号、2艘重型巡洋舰和6艘驱逐舰组成。各作战舰队紧密配合，互相支援。

第4舰队的作战计划为：派轻型航空母舰"祥凤"号为主的海上掩护舰队，首先支援图拉吉岛的登陆作战，再向西行驶，去支援攻打莫尔兹比港的部队。攻打莫尔兹比港的部队由腊包尔出发，经过约马德水道，绕到新几内亚岛东部，进攻莫尔兹比港。

"翔鹤"号航空母舰

日军命令航空母舰"翔鹤"号和"瑞鹤"号为主力组成的机动突击部队，从特鲁克向南行驶，攻击美军阻挠日军登陆的部队。

因为破译了日本海军的密码，美军完全了解日军作战的详细情报。4月上旬，美国太平洋舰队情报部门向美国海军部报告：日军在印度洋的作战任务已经结束了，舰队正在返回途中；日军并不想进攻澳大利亚；日军准备攻占新几内亚东部的作战；接着，日军会在太平洋地区发动大规模的进攻，并派出了联合舰队的主力部队。

4月中旬，新的情报报告，日军运输船队会在轻型航母"祥凤"号和重型航母"瑞鹤"号、"翔鹤"号的保护下驶入珊瑚海。

通过这些详细、可靠的情报，尼米兹认为，日军会率先进攻瓜达尔卡纳尔岛北边的图拉吉岛，以此作为海上基地，战斗将于5月3日开始。

第三章 鏖兵珊瑚海

对于日军即将发动莫尔兹比港之战的意图,美军十分重视。盟军能否守住莫尔兹比港,关系到澳大利亚的安全,莫尔兹比港作为将来进行反攻的基地也是十分重要的。

尼米兹与西南太平洋战区总司令麦克阿瑟一致认为,如果日军的计划成功,会给澳大利亚的防守带来很大的困难,而且南太平洋的海上交通线会遭到很大破坏。

麦克阿瑟已经准备把新几内亚东南部山区一带作为阵地以及日后反攻的战略要地。所以,尼米兹和麦克阿瑟一致认为,一定要全力以赴地阻止日军的登陆。

可是,要集中足够的兵力解除日军对莫尔兹比港的威胁十分困难。西南太平洋的美国分舰队只剩下驱逐舰和巡洋舰;"萨拉托加"号航空母舰于1月份被鱼雷击中,正在美国西海岸西雅图地区的普吉特海峡进行大修;"企业"号航空母舰和"大黄蜂"号航空母舰空袭日本后,4月25日以前正在返回途中。

"企业"号和"大黄蜂"号航空母舰尽管正在加速返航,但很难按期赶到珊瑚海。陆军航空兵拥有约200架各类飞机,部署在莫尔兹比港和澳大利亚东北部一带,但它们只能对付日军陆基航空兵的进攻,无法支援海上作战。

4月中旬,尼米兹下令:第17特遣舰队(包括"约克城"号航空母舰)立即加满油料和兵员,于4月底以前赶到珊瑚海参加战斗;在珍珠港的第11特遣舰队(包括"列克星敦"号航空母舰)立即向西南太平洋进发,于5月1日与第17特遣舰队会师。这两支舰队由第17特遣舰队指挥官弗莱彻少将指挥。

珊瑚海的一支澳大利亚巡洋舰分舰队(包括3艘巡洋舰和2艘驱逐舰)也归弗莱彻少将指挥。这样,美海军在珊瑚海地区拥有2艘航空母舰、7艘重型巡洋舰、1艘轻型巡洋舰、13艘驱逐舰,还有其他舰只共30艘,舰载飞机为143架。分为攻击大队、支援大队和航空母舰舰队。

若日军的进攻时期推迟，美军将以4艘航空母舰参加战斗。为了加强珊瑚海地区的兵力，4月底，尼米兹命令刚回到珍珠港的"企业"号和"大黄蜂"号航空母舰马上赶往珊瑚海。

1942年4月底，日军发动了以图拉吉岛、莫尔兹比港和吉尔伯特群岛的瑙鲁岛和大洋岛为目标的登陆战。首先进攻图拉吉岛，以保证主力部队对莫尔兹比港作战的成功。

4月29日，攻打图拉吉岛的日军先头部队由腊包尔基地出发。30日，日军第4舰队第19战队的主力部队，运送4个营的海军陆战队军士和工程人员以及物资由腊包尔出发。

4月30日，负责海上支援任务的第4舰队第6战队从加罗林群岛的特鲁克基地出发南下，"MO"特混舰队的主力第5战队也从特鲁克基地出发南下，两大战队向第19战队靠拢，协同作战。

美国"大黄蜂"号航空母舰

得知日军的兵力和进攻的方向后，美军马上调整了兵力部署。5月1日，美军第17航空母舰编队和第11航空母舰编队已经在珊瑚海东南海域待命，并加强了空中侦察。当天，美侦察机看到了日军舰队，马上把这个情况通知图拉吉岛。

图拉吉岛守军只有50名澳大利亚军人，无法坚守。2日，澳大利亚守军炸毁设施后逃离该岛。5月3日凌晨，日军陆战队开始登陆，占领了图拉吉岛。下午8时以前，完成了水上侦察机基地的设置工作。

美国弗莱彻将军听说日军已经在图拉吉岛登陆了，留下"列克星敦"号航空母舰编队加油，亲率包括"约克城"号的第17特遣编队向北驶去。

5月4日早晨7时，第17特遣编队在无线电静默的情况下，偷偷到达瓜达尔卡纳尔岛西南约100海里的海域。

在此以前，"约克城"号上的鱼雷机和俯冲轰炸机已经在图拉吉岛上空，开始了频繁而猛烈的空袭。中午，美军损失了3架飞机，但击沉日军1艘驱逐舰、1艘运输舰、2艘扫雷艇，击伤1艘巡洋舰、1艘驱逐舰、1艘运输舰。

美太平洋第17特遣舰队成功返航。

听说图拉吉岛遭到美军空袭后，日军第6战队编队紧急南下，4日晚12时，到达所罗门群岛的新乔治亚岛附近海域。而美太平洋第17特遣舰队此时已经撤离。

日军第6战队火速北上，准备在5日晨派"祥凤"号轻型航空母舰的鱼雷攻击机在图拉吉岛西南海域搜寻美军舰队。

由于天气情况恶劣，鱼雷机因返回困难而取消了这个计划。日军第6战队顺着所罗门群岛东部南行，寻找美舰，但仍没有找到。

6日晨，日军第6战队绕过所罗门群岛南部，到达图拉吉岛南部海域。就这样，图拉吉岛海战以美军的胜利宣告结束。

"祥凤"号的沉没

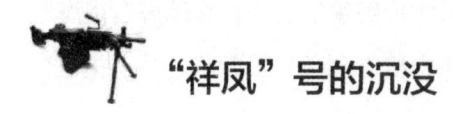

11时左右,美机轰炸了日舰,93架飞机向日军轻型航空母舰"祥凤"号发动了轮番轰炸。很快,"祥凤"号浓烟滚滚。第一次轰炸就有13颗炸弹和7颗鱼雷击中"祥凤"号。11时36分,"祥凤"号航空母舰沉没。

1942年5月4日11时,"MO"特混舰队的司令官井上成美下令:各部队仍按原计划于当天14时后进攻莫尔兹比港。

因为莫尔兹比港是"MO"舰队进攻的主要目标,所以,除了图拉吉岛之战中被击伤的舰船和部分进攻瑙鲁岛、大洋岛方面的舰船外,"MO"舰队的主力全部参加莫尔兹比港登陆战。

日军分为两路:第一路是莫尔兹比港登陆部队,由第6水雷战队(包括2艘巡洋舰、5艘驱逐舰、1艘扫雷艇、12艘运输舰)负责直接进攻,第6战队和第18战队(包括1艘轻型航母、6艘巡洋舰、1艘驱逐舰、3艘炮舰、2艘扫雷艇)组成负责掩护;第二路是对珊瑚海的美国航空母舰特遣舰队进行拦截的机动部队——第5航空母舰战队(包括2艘重型航母、2艘巡洋舰、6艘驱逐舰、1艘补给舰)。参战舰船共46艘。日军大举向莫尔兹比港进发。

5月4日,日军进攻舰队和掩护舰队向新几内亚岛东南角的路易西亚德群岛附近海域集结,计划7日黄昏到达珊瑚海。

5月6日黄昏,美军侦察飞机监测到正在路易西亚德群岛附近海域集结的日本舰队。美军航空母舰特混编队立即出发,于7日2时到达南纬14度3分、东经156度25分的海域,与西北方的日军舰队距离310海里。

接着，连夜向西北方向推进，准备偷袭日军的进攻和掩护舰队。

日军机动舰队于 7 日早晨 6 时到达南纬 13 度 20 分、东经 158 度的海域。5 月 7 日，日军进攻和掩护舰队与东南方相距 400 海里的日军机动舰队均派出侦察机寻找美舰队。

根据 7 时 53 分和 8 时 20 分的情报，日军机动舰队指挥官得知：在南面和西面发现了两支航母舰队。他决定先向南面的舰队实施攻击，再转向西面。

原来，日军舰载机误把南面的美军 1 艘油船和 1 艘驱逐舰也当成了航母编队。结果，日军机动舰队炸沉了驱逐舰，炸坏了油船。与此同时，日军支援舰队立即运载登陆部队赶往约马德水道。

美军空袭图拉吉岛的"约克城"号航空母舰编队返航后，弗莱彻将军把两支舰队编为一支。7 日拂晓，美特混舰队在新几内亚岛东端路易西亚德群岛以南海域继续向西北驶去。

7 时，弗莱彻命令 2 艘巡洋舰和 3 艘驱逐舰向西北方向进发，拦截日军进攻莫尔兹比港的登陆部队，航空母舰编队继续向西北驶去，并派出侦察机寻找日舰。

8 时 15 分，侦察机回报，在南纬 10 度零 3 分、东经 152 度 27 分发现 2 艘航空母舰和 4 艘重型巡洋舰。弗莱彻命令全速靠近日军的机动突击舰队。

9 时 26 分，"列克星敦"号到达目标所在地的东南方约 160 海里处，半小时后，"约克城"号上的飞机也起飞了。10 时 30 分，两舰共 93 架飞机向目标驶去，留下 47 架保卫航空母舰。

美军机群刚飞出不久，一架侦察机飞回，弗莱彻得知，在突击机群前去攻击的目标东南 35 海里处，发现 1 艘日军航空母舰和几艘其他战舰。弗莱彻连忙命令美军突击机群改变航向，轰炸新的目标。

11 时左右，美机轰炸了日舰，93 架飞机向日军轻型航空母舰"祥凤"

号发动了轮番轰炸。很快,"祥凤"号浓烟滚滚。第一次轰炸就有13颗炸弹和7颗鱼雷击中"祥凤"号。

11时31分,日军被迫弃船。5分钟后,"祥凤"号航空母舰沉没,舰上的21架飞机只有3架起飞。航空母舰附近的1艘日军重型巡洋舰也沉没了。13时38分,美军飞机全部回舰。

下午,飞行的能见度突然降低,无法再次轰炸日舰。并且,日军已经知道了美国航空母舰的确切位置。为了避免遭到日舰的攻击,弗莱彻下令,由岸基飞机确定日军机动舰队的位置,航空母舰编队趁能见度低向西撤退。

"祥凤"号航空母舰沉没以后,"MO"特混舰队司令官井上成美命令:运输船队向北方撤退;机动舰队立即向美舰队发起攻击;第6战队和第6水雷战队于当天夜晚对美舰队发动夜战。

日军机动舰队奉命于15时15分向西行驶。18时左右,"翔鹤"号和"瑞鹤"号航空母舰不顾飞机难以回收的危险,放飞了27架俯冲轰炸机和

"祥凤"号航空母舰中弹起火

鱼雷机，向西攻击美国航空母舰，准备在美航空母舰轰炸日军登陆部队以前把它击沉。

由于天色太暗，日机飞临美舰队却没有发现美舰队。美舰队借助雷达看到了日机，战斗机马上起飞进行拦截。15分钟后，日机被击退。此次空战中，10架日机被击落，11架降落时堕入大海，27架飞机只有6架安全降落。

5月7日20时40分，由于美军舰队实力强大，日军舰队司令井上成美下令：取消第6战队和第6水雷战队的进攻任务；进攻莫尔兹比港的时间推迟2天；机动舰队准备天亮后与美舰队展开决战。

当时，弗莱彻也知道了日舰队的大概位置，想派水面舰艇发动夜间袭击，经过再三考虑后，放弃了冒险的计划。因为双方近在咫尺，都怕损失重型巡洋舰，削弱自己的兵力。就这样，日军和美军的航空母舰之间的决战于5月8日才进行。

日美航母大决战

中午，"列克星敦"号航空母舰的一台发电机冒出的火花，点燃了渗出的大量油料，引起了大爆炸。由于"列克星敦"号发生大爆炸，弗莱彻没有发动攻击，退出了战斗，趁夜南撤。晚22时，弗莱彻下令驱逐舰击沉"列克星敦"号航空母舰。

1942年5月8日的航母大决战是真正公平的较量。日美各拥有2艘航空母舰，且都拥有100多架舰载飞机。美军的轰炸机占有优势，日军的战斗机和鱼雷机占有优势。

日军处于有利的作战位置：美军航母编队经过整夜南行，8日到达天气晴朗的平静海域,而日军舰队仍处在风雨交加、云雾笼罩的海域。

凌晨,双方派出侦察机搜寻对方。8时后,双方侦察机同时发现了对方的航母舰队。9时10分,日军2艘航母起飞69架飞机发动攻击。9时至9时25分,美军2艘航空母舰先后派出俯冲轰炸机、战斗机、鱼雷机82架,双方舰队距离175海里。

10时30分,美军俯冲轰炸机群发现日军2艘航空母舰编队朝东南方向撤退。该编队采用疏开队形撤退,2艘航空母舰间距离8海里,由4艘重型巡洋舰和驱逐舰护航。

美军轰炸机躲在积云后面等待鱼雷机到来时,"瑞鹤"号航空母舰突然消失在暴风雨之中,日军的"翔鹤"号航空母舰成了美机的唯一攻击的目标。

11时过后,美轰炸机和鱼雷机纷纷向"翔鹤"号发动攻击。美机没有充分发挥数量优势,鱼雷偏离目标较远,只有2颗炸弹击中"翔鹤"号航空母舰。"翔鹤"号的飞行甲板上燃起大火形成强流,冲向云层。

10多分钟后,"列克星敦"号的机群赶来,因为积云太厚,22架轰炸机找不到目标。11架美军鱼雷机和4架轰炸机看到了日舰。美军鱼雷机发射的鱼雷再次失误,只有1架轰炸机的1颗炸弹击中了"翔鹤"号。"翔鹤"号飞行甲板受到严重损坏,无法回收飞机,奉命撤回特鲁克。这次行动,美军付出了43架飞机的代价。

与此同时,日本飞机对美军舰队发动了攻击。69架飞机被精心地分为3个机群,其中2个机群是鱼雷机群,1个是轰炸机群。日本飞机距离美舰70海里时,被美军雷达发现。在日机发动进攻以前,美军仅有3架战斗机起飞,无力拦截。

美军的2艘航空母舰处于环形防空火力网之中,但因躲避运动加大了2艘航空母舰间的距离,担负护卫的战舰被迫一分为二,防空能力大大削弱了。

日机快速靠近"列克星敦"号航空母舰,向其左舷和右舷发射鱼雷,开始两面进攻。有2颗鱼雷击中"列克星敦"号的舰左舷,3个锅炉舱涌进海水。"列克星敦"号连忙躲避,由于行驶缓慢,遭到2颗炸弹的轰炸。

"列克星敦"号的主机没有受到损伤,航速高达24节,全速撤退。

同样,"约克城"号航空母舰也遭受日机的攻击。"约克城"号比较小,舰小好调头,躲开了日机发射的鱼雷,中了1颗炸弹,战斗力仍然很强。

美军2艘航空母舰尽管受创,但都能航行。但日本航空母舰"翔鹤"号已经奉命返回,"瑞鹤"号容不下过多的飞机,很多飞机被迫抛入大海。

日军能够战斗的飞机只剩9架,美军还有37架攻击机和12架战斗机能够战斗。中午,"列克星敦"号航空母舰的一台发电机冒出的火花,点燃了渗漏的大量油料,引起了大爆炸。由于"列克星敦"号发生大爆炸,弗莱彻没有发动攻击,退出了战斗,趁夜南撤。由于"列克星敦"号受损严重拖累南撤晚22时,弗莱彻下令驱逐舰击沉"列克星敦"号航空母舰。

"MO"舰队司令井上成美下午接到报告:美军2艘航空母舰遭受重创,"列克星敦"号已经沉没,"约克城"号情况不详;日方飞机损失惨重,被迫停止攻击。

井上成美认为,日军仍未夺取制海权和制空权,决定舰队停止一切作战行动,无限期推迟进攻莫尔兹比港的行动,要求各有关部队做好战斗准备,准备进攻瑙鲁和大洋两岛。

日本联合舰队和海军部都不同意井上成美停止作战计划。山本五十六向井上成美发出"应继续追击,歼灭残敌"的命令。根据山本五十六的命令,"MO"舰队奉命南下追击美舰队,然而,美舰已经不知去向,无法寻找。

正在下沉的"列克星敦"号航空母舰

9日下午，山本五十六看到已经失去了战机，下令把莫尔兹比港的进攻行动延期到7月份实施。

从5月7日、8日的海战结果来看，日军共损失了舰载机77架、轻型航空母舰1艘、驱逐舰1艘和一些小型舰船，1艘重型航空母舰遭到重创，死亡1074人。美军损失飞机66架、1艘油船和1艘驱逐舰，重型航空母舰"列克星敦"号沉没，"约克城"号航空母舰受损，死亡543人。双方可谓势均力敌，两败俱伤。

珊瑚海海战是世界战争史上第一次在航空母舰之间的大决战，日、美均用舰载飞机作为主要的攻击力量在舰队视距以外交战。从此，航空母舰和舰载机不可逆转地成了决定海战胜负的决定性力量。

第四章
中途岛的转折

山本设计新赌局

开战两年内若日本无法获得决定性的胜利，目前日美间的军事均衡就会完全打破，美国就会凭借强大的实力取得军事上的绝对优势。在时间如此紧迫的情况下，唯一的方法是迅速战胜美舰队，早日摧毁美太平舰队的主力。

早在1941年12月28日，在日舰队旗舰"长门"号战列舰上，联合舰队的司令长官山本五十六正在观看偷袭珍珠港的战果报告。这个报告是日本情报人员参照美军公布的损失整理出来的。

山本五十六逐行审对着报告上的数字，高兴得满面笑容。美军公布的损失，比日军参加突袭行动的部队上报的战果大了很多。

美军的损失报告有两点使山本五十六没有料到。

第一点，日军突袭珍珠港竟能获得这么大的战果。根据一般的规律，部队上报战果往往会有夸大的水分，山本五十六本以为美太平洋舰队的实际损失远远低于日海军上报的数字，可却远远超过了日海军上报的数字。

第二点，山本五十六没有料到美海军有说实话的勇气。美海军遭受那么大的损失，竟然都公布出来了。山本五十六认为，美海军敢于说出实际损失，是因为美国的实力太强大了。

在日本海军中，山本五十六对美国的了解比任何人都透彻。山本五十六清楚地知道美国是个战争潜力异常庞大的国家，所以强烈反对与美国为敌。

在日本海军中，山本五十六是个指挥天才，以具有大胆甚至冒险决策的能力而著称。如很多日本人一样，山本五十六具有浓厚的樱花情结，宁可在短时间内凋谢,也想开放得十分灿烂。就是说,凡事偏重质量,其次才求数量。

山本五十六有个绰号叫"赌徒",突袭夏威夷群岛的珍珠港可称得上是他发起的一次大赌博,那次他大获全胜。突袭珍珠港的胜利不但使山本五十六名声大噪,而且使他对自己的策划能力更有信心了。

珍珠港的战斗结束了,山本五十六又想攻占美国的一个小岛屿——中途岛。

中途岛地处太平洋中部,距离日本 2250 海里,东南距离珍珠港 1135 海里。中途岛面积很小,但建有海港和美军机场,受到美日双方的高度重视。美军可以从岛上的机场出动飞机,警戒半径达 600 海里的海域;岛上的港口能够作为美航空母舰编队的补给和前进基地。可见,中途岛具有攻防两大功能,成了美军在太平洋上最佳的前沿阵地。

中途岛

山本五十六也发现中途岛是一个至关重要的小岛屿，因此把下一个大海战设在中途岛。

对日海军来讲，一旦占领了中途岛，就能把中部太平洋的防御圈快速向东推进，还能利用中途岛上的海空军基地，监视和警戒夏威夷群岛的美国太平洋舰队一切活动。

再有，日军攻占中途岛，能够在美国中部太平洋防御圈上冲开一个巨大的缺口，对夏威夷群岛的美舰队构成巨大的威胁，并把中途岛作为以后进攻夏威夷群岛的前沿基地。

山本五十六以他的军事视觉，发现了中途岛的重要战略价值。他决定早日攻占中途岛，尽快结束太平洋战争。

可是，当山本五十六向日本军部提出攻打中途岛的计划后，日本军界要员们纷纷表示反对。日本陆海空三军要员们认为日本去攻占位于夏威夷群岛正前面的中途岛是不可行的，哪怕占领了，也无法坚守。

美国中途岛海军基地

第四章 中途岛的转折

日军军令部长永野修身和副部长伊藤整一都不同意山本五十六的作战计划，说山本五十六是被珍珠港的胜利冲昏了头，是在拿日国和天皇的命运去胡闹。

他们提出很多理由反对山本五十六的计划，不相信中途岛的战略价值。他们还说，山本五十六虽然胆子很大，但他没有指挥这么大规模海战的经历。中途岛攻击战会投入日海空军的所有主力，这个计划太大了。

山本五十六是个有自信的人，一旦他认准的事情，就会坚持做到底。在珍珠港海战中，山本五十六就是靠韧劲才战胜了众人的反对，使他的计划成功地实现了。

为了再次宣传自己的作战计划，山本五十六来到军部找到永野海军上将。山本五十六说：日军夺取太平洋地区的最大障碍就是美太平洋舰队。开战两年内若日本无法获得决定性的胜利，目前日美间的军事均衡就会被完全打破，美国就会凭借强大的实力取得军事上的绝对优势。

在时间如此紧迫的情况下，唯一的方法是迅速战胜美舰队，早日摧毁美太平洋舰队的主力。若我们攻打中途岛，尼米兹会派出太平洋舰队的主力前来支援，那时我们就跟美太平洋舰队一决雌雄。

山本五十六承认攻打中途岛具有很大的危险，不过他进一步指出为了日本的命运只能抛出"底牌"了。

山本五十六的发言底气十足，显得过于好战。永野上将不禁摇了摇头，再劝山本五十六不能太心急，攻占中途岛的计划是错误的，因为日本的主要战略方向在南太平洋地区，而不是在东面的夏威夷群岛。

山本五十六说，若日军拿下了中途岛，就能威胁美国大陆，降低美国国民的士气。但军令部却不这样想，他们认为山本五十六的看法太天真了，就算攻占了中途岛，也无法威胁美国大陆。

军令部长永野耐心地劝说，但无法说服山本五十六改变计划。

就在他们争论不休的时候，发生了一件让日本国民非常震惊的重大事件。

原来，在珍珠港被袭以后，罗斯福总统要求轰炸日本，对日本偷袭珍珠港事件进行报复。1942年4月18日，美军16架陆基轰炸机空袭了日本东京等中心城市。

太平洋战争爆发以前，日本天皇曾得到过军人们的保证：决不能让敌军的炸弹落在神圣的大日本帝国的国土上。然而，司令官们的保证无效了。

这次轰炸对日本造成的物质破坏很小，但对日本国民的自尊心造成了巨大的震动。极大地降低了日本国民的士气。

日军军部感到事态十分严重，那些反对中途岛海战计划的要员们被迫承认来自东方美太平洋舰队的威胁比来自南方各小国的威胁还要大。

军部为没有保住东京的安全而悔恨，反对攻占中途岛的意见听不到了。山本五十六对他们说："攻占中途岛就是使东京的安全得到保障，保卫天皇陛下的安全，这是大日本帝国皇军的神圣职责！"

一心想进攻中途岛的山本五十六，借助美国航空队空袭东京这一事实，再次力排众议。他与参谋们在一起，制定进攻中途岛的具体军事计划。

山本五十六制定的作战计划，包括三项独立的但协同作战的军事行动：

第一，攻占西阿留申群岛；

第二，攻占中途岛；

第三，与美太平洋舰队决一雌雄。海战的主要意图是通过攻占中途岛给日本海军和空军夺取基地，继续朝太平洋和西南太平洋进军，与美太平洋舰队决一死战。

为了成功地完成计划，山本五十六动用了日本海军所有的主力，并把这些兵力编成了6支部队：

先遣部队：归第6舰队司令小松辉久中将率领，拥有1艘轻型巡洋舰、15艘潜艇。负责侦察中途岛的美军情况和天气情况，在开战前在中途岛至夏威夷间构筑警戒线，进攻援救中途岛的美太平洋舰队。

第1机动部队：归第1舰队司令南云忠一管辖，拥有4艘重型航空母舰、2艘战列舰、2艘重型巡洋舰、1艘轻型巡洋舰、12艘驱逐舰，各式舰载飞机261架。负责在登陆作战以前空袭中途岛的美军机场和军事设施，消灭中途岛的美军航空兵，掩护登陆部队登陆，捕捉消灭可能救援的美太平洋舰队。

进攻中途岛部队：归第2舰队司令近藤信竹中将管辖，拥有1艘轻型航空母舰、2艘战列舰、8艘重巡洋舰、2艘轻巡洋舰、21艘驱逐舰、2艘水上飞机母舰、15艘运输舰，若干扫雷舰、猎潜艇等，各式舰载飞机

准备在中途岛与美军决战的日军舰队

56架。运输舰上运载登陆部队5800人。在第1机动部队歼灭中途岛的美军航空兵后，第2舰队运送登陆部队攻占中途岛，并且在中途岛附近海域进攻前来救援的美太平洋舰队。

主力部队：归山本五十六亲自率领，拥有1艘轻型航空母舰、7艘战列舰、3艘轻巡洋舰、21艘驱逐舰、2艘水上飞机母舰、袖珍潜艇，各式舰载飞机35架。负责中途岛、阿留申群岛整个作战任务，主要支援中途岛作战，同时进攻美太平洋舰队。

北方部队：归第5舰队司令细萱戊子郎率领，分为北方部队的主力、第2机动部队、阿图岛进攻部队、基斯卡岛进攻部队和潜艇部队。拥有2艘航空母舰、3艘重巡洋舰、3艘轻巡洋舰、1艘辅助巡洋舰、12艘驱逐舰、6艘潜艇，若干艘扫雷舰、运输船等，各式舰载飞机82架。同时，载运陆海军登陆部队2450人。北方部队的任务是轰炸荷兰港美军海空基地，摧毁阿达克岛的军事设施，攻占基斯卡岛和阿图岛，伺机进攻美军舰队。

岸基航空部队：归第11航空舰队司令冢原二四三率领，拥有1艘轻巡洋舰、3艘驱逐舰、19艘运输舰，各式岸基飞机214架。岸基航空部队的任务是侦察夏威夷群岛美国太平洋舰队的情况，在各个部队发动中途岛作战时，以太平洋各岛屿为基地，组织空中侦察和警戒。

在山本五十六的中途岛军事计划中，山本五十六共调动了水面舰艇206艘、舰载飞机约470架、岸基飞机214架、登陆部队和建立基地的部队1.68万人。日本海军70年来第一次动用这么大的陆海空兵力。

山本五十六计划于6月6日发动中途岛海战，作战计划以6月6日为中心，精心制定了各参战部队的行动时间表。

山本五十六精心设计着赌局，坚信在新的一局中还能像珍珠港海战那样，再获全胜。

尼米兹中途岛设伏

尼米兹要求弗莱彻和斯普鲁恩斯"运用最好的战术,给日军航空母舰以最大限度的杀伤"。弗莱彻和斯普鲁恩斯肩负的任务十分艰巨,尼米兹要求他们:"你们如果没有机会给日军航空母舰以重创,就不要将自己置于日军的优势兵力之下。"

中途岛海战的胜负,关键在于日舰队能否诱使美太平洋舰队出战,山本五十六相信,攻打位于美国珍珠港海军基地西北的中途岛海军基地,就能够诱出美太平洋舰队。

中途岛属于夏威夷群岛,地处北美洲至亚洲的太平洋航线的正中处,因此命名为中途岛。

中途岛距离美国旧金山和日本横滨都是2800海里,距离瓦胡岛的珍珠港海军基地仅1100海里。中途岛的陆地面积仅4.7平方公里,由沙岛和东岛两个岛屿围成约6海里的圆形环礁,是个优良的海港。

早在1867年,美军占领了中途岛。1903年至1905年,美军在中途岛建立了海军基地和海底电缆站。后来,中途岛逐渐成为美军在中太平洋地区的重要的海空基地。

中途岛是珍珠港的重要屏障。若作为前沿基地的中途岛被日军占领,美军就不能出动侦察机进行远程侦察,无法知道日海军舰队的情况,珍珠港将无法坚守,太平洋海域会完全落入日海军之手。同时,美国的西海岸就暴露了。

1942年5月4日至8日,在新几内亚南面海域上,日美海军进行了著名的"珊瑚海海战"。

结果，美海军的"列克星顿"号航空母舰沉没，"约克城"号受伤。日海军的小型航空母舰"祥凤"号沉没，大型航空母舰"翔鹤"号受到重创。

珊瑚海海战是山本五十六和尼米兹在太平洋真正较量的一次试探性战斗。山本五十六的意图十分明显，就是在更短的时间内，投入主力歼灭美太平洋舰队。

同样，美太平洋舰队司令尼米兹也想到了这一点。尼米兹具有出众的战略眼光和指挥才干。在担任太平洋舰队司令以前，他就已凭直觉预感到中途岛海战的来临，只是时间的早晚和海战的方式不明而已。

同为海军将领，尼米兹对日本海军将领非常敬佩，这可能跟他年轻时与东乡平八郎的交情有关。若抛开敌对国这一限制，尼米兹对山本五十六的胆识和才干是非常欣赏的。

若是日本和美国是盟国，两个人可能会在交往中，互相切磋海战的战

斯普鲁恩斯（左）、尼米兹（中）和陆军中将巴克纳

术。然而，目前两个人是死对手，这个前提决定了他们必须在你死我活的较量中一决雌雄。

所有的计划和策略都是以最终战胜对方而策划的，他们都想掌握对方的杀手锏。尼米兹想与山本五十六这样的对手较量，这能够唤起他决斗的雄心。他在研究山本五十六的同时，树立了战胜山本五十六的信心。

尼米兹说，在庞大的攻打中途岛的日舰队中，威胁最大的部分是南云忠一指挥的航空母舰编队中的4艘航空母舰。

只有这4艘航空母舰才拥有摧毁美国中途岛陆空防御体系的能力。只有这4艘航空母舰，才能为其他战舰提供足够的空中支援。所以，若想阻止日舰队进攻中途岛，必须集中力量歼灭山本五十六的航空母舰编队。

尼米兹决心把最重要的两支编队——由哈尔西率领的第16特混编队和弗莱彻率领的第17特混编队集中起来，一同在中途岛东北海面设伏，伺机从侧翼对刚刚驶到的南云舰队发动偷袭。

5月26日拂晓，美军第16特混舰队的舰艇到达珍珠港西南方向的海平线上，缓缓驶向珍珠港。

哈尔西乘汽艇在码头靠岸后，快步来到太平洋舰队司令部。哈尔西那粗厚低沉的嗓音立即回响在司令部办公室中。

尼米兹笑着起身迎接哈尔西，哈尔西是尼米兹不可多得的爱将。人们说哈尔西是尼米兹的左膀右臂，他们在海军军官学校做学生的时代就是好朋友。

虽然哈尔西也面带微笑，但很难掩饰一脸的倦容。哈尔西瘦了很多，使尼米兹感到痛心。

哈尔西是渴求面对巨大挑战的人。6个月以来，哈尔西始终待在舰艇驾驶室中演练航空母舰的战术，想在日后的海战中再次称雄。

然而，哈尔西争强好胜的念头太强烈，他急躁的性格无法忍受连续激动的压力。哈尔西经常夜不安睡，白天心情烦躁。希望决战的哈尔西由于浮躁不安，得了严重的皮肤病。医生要求他住院医治。

这时，哈尔西知道自己无法再承担重任了，在中途岛大海战即将来临的关键时刻，他被迫离开尼米兹将军，远离战场，去做一个无用的旁观者。

哈尔西内心的痛苦是很难用文字描述的。后来，哈尔西将这次被迫离开舰队，视为"最无法忍受的事情"。

哈尔西是来看望尼米兹的，同时向他熟悉的海洋作短暂的辞别。哈尔西推荐巡洋舰指挥官斯普鲁恩斯少将接替自己的职位。

对尼米兹来说，在中途岛海战开始的前夕，失去最有经验的航空母舰指挥官，是个重大打击。不过，尼米兹向哈尔西承认，斯普鲁恩斯也是一位杰出的航空母舰指挥官。

从某些方面来看，斯普鲁恩斯能够在压力面前冷静地分析问题，在美军实力很有限的情况下，由斯普鲁恩斯接替哈尔西可能更加稳妥一些。

几个月前，尼米兹为斯普鲁恩斯找到了更合适的职位，那就是出任太平洋舰队的参谋长。

现在，尼米兹只要求斯普鲁恩斯暂时指挥第16特混舰队、"企业"号和"大黄蜂"号作战计划，等到战斗结束，立即回珍珠港担任参谋长。

5月27日晚上，尼米兹主持了太平洋舰队联席会议。出席此次会议的有弗莱彻将军、斯普鲁恩斯将军、莱顿中校、麦克莫里斯上校、伯雷克中校、辛德勒中校。

最后，会议决定在充分了解日军动向的前提下，先发制人，以弱制强，迫使日军航空母舰被动挨打。要掌握两个要点：一是，在日军航空母舰的一半舰载机起飞空袭中途岛时，向日军航空母舰发起空袭。二是，在日军进攻中途岛的半数日军飞机没有返回时，参加空袭的美机趁机重创敌航空母舰。

尼米兹要求弗莱彻和斯普鲁恩斯"运用最好的战术，给日军航空母舰

卡塔琳纳侦察机

以最大限度的杀伤"。弗莱彻和斯普鲁恩斯肩负的任务十分艰巨，尼米兹要求他们："你们如果没有机会给日军航空母舰以重创，就不要将自己置于日军的优势兵力之下。"

5月末，美军情报人员多次破译山本五十六发出的密令，尼米兹得知日军联合舰队仍在按原计划驶进。尼米兹命令在珊瑚海执行任务的一艘巡洋舰用航空母舰使用的频率发报。他想以此来欺骗山本五十六，使山本五十六认为美国的航空母舰正在所罗门群岛附近，使日本联合舰队继续朝中途岛驶进。

30日晨，美军22架卡塔琳娜侦察机从中途岛起程，在西面700海里的海域进行巡逻。它们与从威克岛向东北方向巡逻的日军轰炸机遭遇。2架卡塔琳娜侦察机被打落。这次遭遇没有引起山本五十六的高度警惕。

尼米兹命令中途岛守岛部队采取一切措施，加强防御力量。至5月底，在水际滩头和周围水域都投放了水雷，海军陆战队的守备兵力增多，还增添了很多高射炮。然而，岛上的航空兵力仍然匮乏。

中途岛的东岛建有飞机场，但无法容纳太多的飞机。其中26架"野牛"式战斗机用作防空，34架俯冲轰炸机用来轰炸日舰。这些俯冲轰炸机的飞行员，多数是刚毕业的飞行员，没有实际作战经验。

守岛部队还拥有4架B-26型陆基轰炸机，被临时改造成鱼雷机。唯一有效的飞机是6架TBF型鱼雷轰炸机。虽然现在只部署这点兵力守卫中途岛显得力量太弱，但是对一个以前还没有转入战时轨道的美国来说，已经是尽了最大的努力了。

尼米兹要求岛上的航空部队打乱日舰的编队和冲散日舰载飞机，为美航空母舰上的飞行员们创造更有利的偷袭条件。

在把所有参战部队的兵力都作了最有效的部署之后，肩负美太平洋舰队总司令的尼米兹总算放心了。5月31日晚，尼米兹几个月来第一次早早地睡觉了。

尼米兹在写给妻子的信中说："我想最近几天夜晚能再长一些，能够补回原来的觉。"尼米兹无权向妻子透露详情，但在信的结尾，尼米兹对妻子说："早晚有一天，美太平洋舰队的业绩会载入史册，但现在我们只能苦苦地等待。"

太平洋舰队的参谋们都在绘图板上，不断地拿彩笔标示双方的动向。作战室非常安静，笼罩着一触即发的紧张气氛。彩笔不断地划动，双方的战舰都在向中途岛驶去。

尼米兹泰然自若地看着，在某种程度上，减少了参谋们的紧张情绪。后来，巴西待中尉回忆说："我们一致认为，尼米兹像仁慈的神父一样，他是非常镇静的人。"

根据尼米兹的计划，第16、17特混舰队于6月2日到达集结地点。

估计日军的进攻部队会在6月5日早晨到达珊瑚岛；6日，日军的航空母舰部队会对中途岛发动全面进攻。

6月2日的白天非常平静，到了夜晚，波涛汹涌的危险海域仍未传回日舰队的消息。尼米兹在灯光下给妻子写信："今天又过去了，我们仍然等待事态的发展，我们比过去有了更加充足的准备。"

对于日夜担心美太平洋舰队安危的尼米兹来说，这几句平静的语句隐含着他对将要进行的中途岛海战的无比自信、冷静T 期待的心情。

中途岛海战，一场载入世界战争史的空前较量就快来到了！

南云舰队再打头阵

南云舰队的灰色钢铁战舰，组成一支巨大的环形队伍，炮筒林立的战列舰护卫在外围；大型航空母舰"赤城"号、"加贺"号、"飞龙"号和"苍龙"号，正行驶在中央。

1942年5月20日，山本五十六下达了各参战部队作战行动的最后命令。联合舰队将于7天后出海，为了不浪费这几天的宝贵时间，山本五十六组织了为期两天的大规模演习。

5月25日，在"大和"号上进行了中途岛和阿留申群岛海战的演习。在演习中，美军投下9枚炸弹，击沉了日军两艘航母。这个演习的结果，竟被裁判改成了命中3弹，击沉航空母舰1艘和击伤航空母舰1艘。后来，裁判又改成1艘航空母舰都没有损失。

可见，日军无法容忍失败。刚从珊瑚海战场回来的高木武雄海军中将向参加演习的军官和参谋们进行了详细的汇报。

当天晚上，山本五十六和参加演习的军官和参谋们在"大和"号上举行晚宴，喝着天皇赐予的米酒，为即将到来的中途岛战役获得全胜而干杯。可见，日舰队在战前已经都准备好了。

1942年5月27日早晨，日本濑户内海西部的军港柱岛锚地，阳光照射着庞大的日本联合舰队。柱岛在广岛以南，锚地海军基地附近有许多丘陵起伏的小岛，小岛上从岸边直至山顶都有田地，每座山顶都有高射炮群，锚地能够容纳整个日本海军，距离商船航线很远，是天然的优良海港。

太平洋战争爆发以来，日海军第1舰队和第1战列舰战队长期停泊在柱岛，等待海上决战，长期征战在外的航空母舰编队的军官们，讽刺地称它们为"柱岛舰队"。

这时，庞大的日本联合舰队整装待发，每艘军舰都完成了出海的所有准备工作，加足了燃油、弹药以及补给品，沉重的负重使吃水线降低。整个锚地军港比较安静，只有军舰上的旗帜在风中呼呼振响，中途岛海战一

日本航空母舰飞行甲板上准备出击的零式战斗机

定能够获胜的心理弥漫在整个联合舰队中。

5月27日是日本的海军节，37年前的这一天，东乡平八郎大将指挥日本联合舰队在对马海峡打败了沙俄舰队。太平洋战争爆发半年以来，山本五十六取得的战绩足以与37年前的东乡平八郎的战绩相比。联合舰队士气旺盛，官兵们都认为，此次出海会给日本海军增添更大的战绩！

8时，"赤城"号航空母舰的起航信号升起，第10驱逐舰战队、第8巡洋舰战队、第3战列舰战队第2小队、第1航空母舰战队和第2航空母舰战队纷纷拔锚，驶向中途岛。

当第10驱逐舰战队驶出锚地时，稍后出发的参战部队官兵列队欢送，替他们送行，整个气氛是振奋人心的，每个人都相信自己将要参加的是战绩更加辉煌的海战。

联合舰队在中午前后通过了丰后水道，傍晚时分驶入太平洋深处，采用环形巡航队形朝东南驶去。

不久，"赤城"号飞行长、偷袭珍珠港时的空中总指挥渊田美津雄因为急性阑尾炎，被送往医务室。几天后，第1航空舰队作战参谋源田也由于肺炎被送往医务室。

他们是南云的航空母舰舰队中最重要的航空军官，对于南云来说，等于没有了左膀右臂。

这时，同样精通航空业务的山本五十六遭受胃病的日夜煎熬，也病倒了。

5月28日，阿留申群岛牵制舰队由日本九州岛北端的港口出征。在南面，运载着5000名登陆部队的日军运输舰从马里亚纳群岛中的塞班岛驶向中途岛。

5月29日晨，联合舰队的其他舰只从日本濑户内海启航。近藤信竹率领的中途岛攻击编队驶在整个舰队的最前面，后面是包括山本五十六的旗舰"大和"号的主力舰队，由34艘军舰组成。

中途岛海战是日美海军在第二次世界大战中规模最大的一次海战。在这次海战中，日海军消耗的燃油量，相当于和平时期日本海军一年的用量。

山本五十六选定6月7日为进攻中途岛的当日。因为7日的月光对夜晚登陆有好处。

计划在6月5日，当南云舰队驶入中途岛西北在400公里处的海域时，向中途岛发起大规模空袭。南云舰队的飞机，不但要摧毁中途岛上的美国航空力量和军事工事，还要击沉所有的美国战舰。

6月6日，一支由藤田指挥的小型水上飞机供应部队将在中途岛西北96公里处的库雷小岛上降落，负责支援登陆部队，还要进行远程侦察，掌握美太平洋舰队的动向。

6月7日天亮后，日本海军陆战队将在栗田少将的重型巡洋舰的炮火支援下，向中途岛的沙岛和东岛同时发动进攻，随后开始登陆。在攻占中途岛的整个过程中，近藤中将的进攻舰队必须守住中途岛的南方和西南方。

山本五十六的主力部队将守候在中途岛西北海域，南云舰队则隐藏在中途岛以东海域。

山本五十六希望尼米兹会被日军对中途岛和阿留申群岛的同时进攻搞得发昏，使尼米兹在日军登陆中途岛以前，来不及组织兵力抵抗。

6月2日，由于南云航空母舰舰队没有雷达，在浓雾中朝中途岛方向驶去，因能见度很差，不能派出弹射侦察机，而无法了解自己的处境。

6月3日黎明，雾更大了，连探照灯都无法穿透周围的昏暗。为了避免互相碰撞，南云被迫动用保持沉默的无线电向各舰艇下令，却突然监听到日军发出的无线电报，中途岛立即出动9架美国陆军的B-17型空中堡垒轰炸机，美轰炸机首先看见了日军的登陆舰队。美轰炸机的轰炸准确性太低，炸弹都炸在海水中，日军的运输舰和护航舰继续向前驶进。

随后，一队紧贴着海面疾飞的美军鱼雷轰炸机发动了突然袭击。虽然只有一枚鱼雷击中了日军护航舰队后边的一艘油船，然而山本五十六仍然感到担忧。

山本五十六原计划让南云舰队的俯冲轰炸机在美军没有发现入侵舰队逼近以前，就轰炸中途岛上的飞机场和防御工事，可现在日舰队的行动已经暴露了。

在南面，南云的航空母舰舰队仍旧在行进。6月3日上午10时，天终于晴朗了，前面的海面波涛起伏，南云舰队以24节的航速快速前进，使蓝色的海水掀起滚滚白浪。

南云舰队的灰色钢铁战舰，组成一支巨大的环形队伍，炮筒林立的战列舰护卫在外围；大型航空母舰"赤城"号、"加贺"号、"飞龙"号和"苍龙"号，正行驶在中央。

6月3日傍晚，日舰队快速由西北方向向中途岛靠拢，4日拂晓以前就能够到达距离中途岛320公里的起飞海域了。这时，弗莱彻和斯普鲁恩斯指挥两支特混编队，正在中途岛东北面500公里的海面躲藏。

这两支特混编队的总指挥弗莱彻少将认为，日军的南云航空母舰舰队

"飞龙"号航空母舰

正在附近海域。6月3日晚7时50分，弗莱彻率领特混舰队向西南方向追去。

弗莱彻认为6月4日会是"美国海军史上最重要的一天"。第二天拂晓，特混舰队将到达中途岛北面，正好偷袭南云的航空母舰舰队。这是个很正确的判断，当天晚上美国的航空母舰距离南云舰队仅为160公里。

1942年6月4日凌晨2时45分，日军"赤城"号航空母舰上的扩音器忽然响了起来，日舰队发动的进攻开始了。

当黎明的曙光来临之时，南云舰队航空母舰上的探照灯早已照亮了巨大的飞行甲板。南云舰队的航空母舰上的舰载机数量分别为："赤城"号54架；"加贺"号63架；"飞龙"号54架；"苍龙"号56架。

这时，4艘航空母舰正在中途岛西北240海里处，迎风全速驶向中途岛，为舰载机起飞作最后的冲刺。航空部队已经做好了向中途岛发起第一轮空袭的准备。

4时30分，南云中将下令进攻。

引导起飞的军官挥起绿灯，第一架零式战斗机滑过通明的起飞甲板，朝黎明前黑暗的天空飞去。甲板上的水兵们欢呼着。8架战斗机和18架舰载俯冲轰炸机相继起飞。

15分钟内，108架飞机分别从4艘航空母舰上都成功地起飞了。它们编成壮观的环形队列绕行舰队一圈，朝东南方的中途岛飞去。舰上的水手们看着它们尾翼上闪烁着的灯光逐渐消失在夜空中。

第一轮攻击飞机刚刚飞走，南云下令第二轮攻击飞机作好起飞准备。与此同时，南云航空母舰舰队的7架川崎水上侦察机，奉命前去东面和南面寻找美国航空母舰。有5架侦察机已经飞走了，可是重巡洋舰"利根"号上的2架侦察机，由于弹射器出现故障，起飞的时间晚了半个小时。由于这一故障，给日舰队接下来的战事造成了严重的后果。

海上作战空中斗法

南云命令以30度航向30节航速向北进军,尽早占领有利的攻击海域。南云本来想做好充足的准备,再给美舰队以重创,可是这样慢吞吞的出击,失去了最佳的战机。

中途岛上的美军早就等候多时了,正准备迎战南云舰队的第一轮空袭飞机。

5时50分,中途岛上的雷达发现了前来空袭的日军机群。中途岛上的防空警报全部响了起来。这时,友永大尉率领的108架攻击机群,距离中途岛仍有150公里。

尼米兹命令中途岛上的所有飞机立即起飞。

守岛部队的6架复仇者鱼雷轰炸机和4架装有鱼雷的陆基轰炸机,起飞后向北面的南云航空母舰方向扑去。另有19架轰炸机和37架无畏、守护者俯冲轰炸机紧跟在它们后面。

守岛部队的20架水牛式战斗机和6架野猫式战斗机向西北方飞去,迎战向中途岛扑来的日本攻击机群。

6时16分,美国战斗机与日本机群遭遇了。

负责护航的日军零式战斗机队,在美军飞机还没有冲进日本的轰炸机群时,就向他们开火了。双方的飞机不断翻飞、俯冲、相互开火。日军的战斗机不仅在数量上远远超过迎击的守岛部队的飞机,在性能上也远远超过对手。

很快,日军战斗机击落了17架美军战斗机,击伤7架美军战斗机。日军战斗机丝毫未损,更没有让美军战斗机伤害1架轰炸机。

摧毁了美军飞机的截击，日本攻击机群迅速进攻中途岛。轰炸机冒着守岛部队的高射炮火不断俯冲，轰炸了20分钟，炸毁了油库和一个空的飞机库。

日本轰炸机意图在中途岛歼灭航空力量的计划失败了。它们能够找到的轰炸目标，只是飞行跑道和几座空机库，岛上飞机都已经起飞了。

友永大尉结束了袭击后，驾机找遍了全岛。他发现中途岛变成了浓烟滚滚的火海，但岛上的飞机跑道并没有被彻底地摧毁。友永大尉觉得应该对中途岛发动第二轮攻击。可是，他率领的第一轮攻击飞机，弹药没有了，燃油也快光了，不得不被迫返航。

太平洋中部时间早7时，友永大尉从飞机上向南云舰队发报："突击机群返回，需要再次空袭。"友永的机群在轰炸中途岛的时候竟被地面防空炮火击毁了1/3，剩下的飞机在阳光照耀的天空中全部返航。

当南云航空母舰舰队向中途岛发起第一轮空袭时，美军特混舰队也正

日本97式水平轰炸机机群

第四章 中途岛的转折

在积极准备发起对日军航空母舰舰队的偷袭。

6月4日黎明，美海军第16、17特混编队总指挥弗莱彻，从"约克城"号航空母舰上出动10架侦察机去寻找南云舰队。

5时25分，艾迪上尉驾驶卡塔琳娜水上侦察机从中途岛起飞，在靠近南云舰队航行的海域，碰巧钻出了云层。当艾迪上尉看到一大批灰色的日军战舰时，连忙用无线电向基地报告。

接到南云舰队位置的确切情报后，弗莱彻于6时7分向"企业"号航空母舰上的斯普鲁恩斯少将发报，命令第16特混编队向南云航空母舰发动空袭，第17特混编队随后空袭。

斯普鲁恩斯少将原打算再向前航行3小时，就是上午9时，再派舰载机进行空袭。到了那时，他与南云舰队间的距离，会缩短到160公里以内。这于美舰队航程较短的舰载攻击机和战斗机十分有利。

参谋长米切尔·布朗宁上校提出，若把起飞时间定在上午7时，那么会使美军飞机在空袭中途岛的日军飞机返回母舰降落时，正好到达南云航空母舰上空发动空袭。

这是一个很好的主意。可是美军机群飞行的距离比原来远多了，危险也就大增。美军的攻击机和护航的战斗机很可能因为油料耗尽而坠毁。

若是规模较小的海战，斯普鲁恩斯是不肯冒这么大的风险的。但中途岛海战，很可能给南云舰队造成重创，他就顾不上这些了。

权衡利弊，斯普鲁恩斯作出关系中途岛海战胜负的重要决定，就是接受了布朗宁上校的意见，将起飞时间提前到7时。同时，斯普鲁恩斯命令两艘航空母舰上的大部分飞机参加空袭，把底牌一次全部抛出。

当时，斯普鲁恩斯特混编队拥有两艘航空母舰，飞机数量分别为："企业"号79架，"大黄蜂"号79架。

7时2分，14架鱼雷攻击机、32架俯冲轰炸机在10架战斗机的护送下，从"企业"号航空母舰上出发了。15架鱼雷机、35架俯冲轰炸机在10架战斗机的护送下从"大黄蜂"号航空母舰上出发了。

美军飞机的油料仅够勉强返航，然而飞行员们不顾生死，冲向日航空母舰。同时，斯普鲁恩斯留下8架无畏式俯冲轰炸机和36架野猫式战斗机替特混编队护航。

一个半小时后，弗莱彻命令第17特混舰队的飞机起飞。弗莱彻的"约克城"号航空母舰共拥有95架舰载机。当12架鱼雷攻击机和17架俯冲轰炸机在6架战斗机的护送下起飞时，时间已是上午9时6分了。

南云舰队在放飞攻击中途岛的第一轮攻击机群后，第二轮攻击飞机立即被4艘航空母舰的下层甲板一架架地提升到顶层的飞行甲板上。

很快，4艘航空母舰的飞行甲板上已经停满了飞机，火红的太阳已经升上了天空。停在航空母舰上等待起飞的第二轮飞机，绝大部分是鱼雷轰炸机。这些飞行员是日本海军航空兵的精锐。当时，南云舰队的所有指挥官都认为，在附近没有美国的航空母舰。

根据山本五十六的预计，美国的航空母舰最早将在6月7日到达中途岛海域。然而，南云为了以防万一，仍然把他最优秀的飞行员留在了航空母舰上，准备击沉美国航空母舰。

南云舰队的鱼雷轰炸机是当时世界上性能最好的舰载轰炸机，时速达378公里，载弹800公斤。不仅能够投掷鱼雷，进攻航空母舰或者其他战舰，还可以投掷炸弹，轰炸机场等目标。此时，挂的都是鱼雷。

早在6时，南云的旗舰"赤诚"号发现了空中的美军水上侦察机在活动。南云为此感到担忧，怕遭到美国航空部队的空袭。

7时，南云收到了友永大尉发来的关于向中途岛发动第二次空袭的请求电报。7时10分，处于南云舰队最前方的一艘驱逐舰回报："发现大批美机。"防空警报声响彻海空。

美军6架鱼雷攻击机和4架俯冲轰炸机飞到"赤城"航空母舰右舷上空。他们是从中途岛起飞的。日军护卫战舰重炮齐射，20多架日军"零"

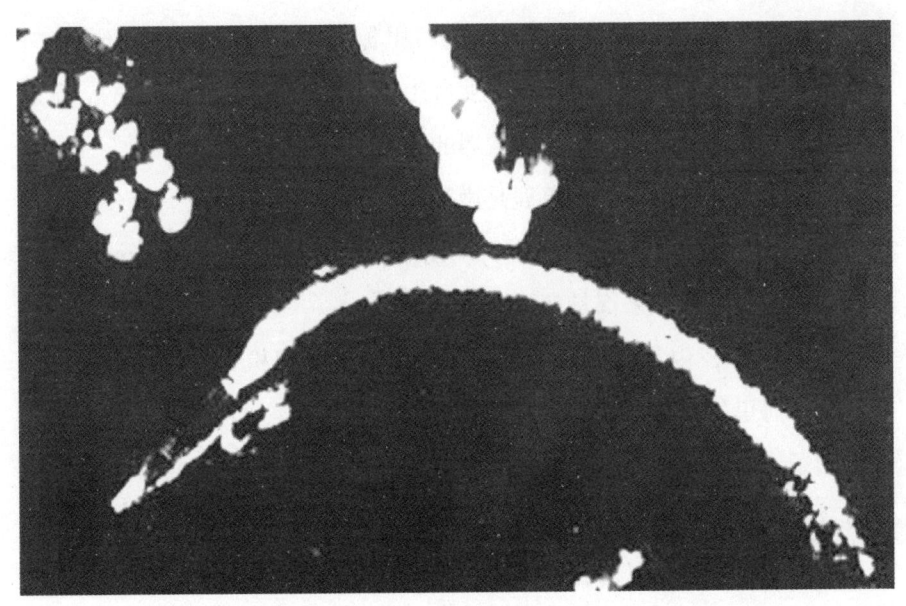

航拍"赤城"号航空母舰躲避美军飞机投掷的鱼雷时留下的航迹

式战斗机起飞迎击。

美战机不顾密集的炮火,向"赤城"号冲来。日军零式战斗机已经击落了3架美机,其他7架美机继续向南云航空母舰扑去。

瞬间,美飞机投掷鱼雷,随后又升上高空。在没有战斗机的护航下,美机再次袭击日航空母舰。然而,它们投掷的鱼雷和炸弹准确性太差,没有一颗命中日舰。后来,只有1架鱼雷攻击机和2架俯冲轰炸机回到了中途岛。

遭到美机的空袭后,南云判断这些美国飞机肯定是从中途岛飞来的。他认为必须早点把中途岛的空军歼灭掉。再加上友永上尉刚发来的电报,南云下令再次空袭中途岛。

为了空袭中途岛,必须把停放在"赤城"和"加贺"号航空母舰飞行甲板上的飞机,再用升降机送回下层甲板,把挂在机身下的鱼雷卸下,在飞机上挂炸弹。

7时15分,当机械兵把飞机由飞行甲板上朝下降时,航空母舰上一片混乱。南云改装鱼雷机的命令,实际上是参谋长草鹿替他下达的。草鹿说,来自中途岛的飞机,比可能遭遇的美国舰队更可怕。

同偷袭珍珠港时一样,草鹿是南云舰队中的幕后指挥官,很多重要的决定都是他做出的。每次在决定行动以前,草鹿都必须得到南云的批准。不过,南云对草鹿从来都是言听计从。

7时30分,由"利根"号航空母舰起飞的侦察机报告说,距离南云舰队200海里处有10艘美舰。若10艘美舰中有航空母舰的话,情况就十分不利了。南云命令侦察机查清美舰中是否有航空母舰。

这架侦察机若不是由于弹射器故障而耽误半个小时的话,就能够在南云下达卸下鱼雷命令以前看到美舰,这样南云的鱼雷机就能马上起飞了。

日本"赤城"号航空母舰被击中,大火引发了弹药爆炸

第四章 中途岛的转折

7时45分，南云下令暂停卸下鱼雷，等待侦察机的下一次报告。

7时55分，中途岛的轰炸机群飞来了。亨德森带领16架俯冲轰炸机，因为飞行员都是刚从学校毕业的，没有俯冲投弹的经验，亨德森被迫带着飞行员们从600米高空下滑投弹，很快就被击落了8架，重创了6架，投下的炸弹没有一发击中日舰。

接着，斯威尼带领15架俯冲轰炸机在6000米高空投弹，因为太高，没有命中，反被打落2架。

接着，诺里斯带领11架轰炸机到达日舰队上空，在日军战斗机的打击和战舰高射炮的封锁下，被打落5架，只有4架投掷了炸弹，没有一颗击中。

8时9分，日军侦察机报告，美军舰队共有5艘巡洋舰和5艘驱逐舰，没有航空母舰。南云认为美军中途岛的飞机不断前来空袭，对舰队的威胁太大，因此命令继续卸下鱼雷挂上炸弹，准备空袭中途岛。

8时20分，日军侦察机报告，在美军舰队好像有1艘航空母舰。南云听说舰队后面有航空母舰，连忙命令停止挂炸弹，重新挂上鱼雷。

南云下达的一连串的换炸弹挂鱼雷的紧急命令，使航空母舰的甲板上和机库里十分混乱，卸下的炸弹和鱼雷被迫堆在一起，没有放进弹药舱，日军的机械兵并不知道这样做是自寻死路。

8时30分，日军空袭中途岛的第一轮空袭机群飞到航空母舰上空，请求降落。这时，南云不知道怎么办了。"赤城"号和"加贺"号航空母舰上的攻击机正在换弹，无法起飞，"苍龙"号和"飞龙"号的攻击机可以马上起飞，但战斗机由于拦截美军岸基飞机，急需加油和补充弹药，无法立即出动替攻击机护航。

若让甲板上的第二轮飞机起飞，会因为没有战斗机的掩护而遭受重大损失。若先清理甲板让第一轮空袭飞机降落，会失去战机。

参谋长草鹿和作战参谋源田都主张先清理甲板，让第一轮飞机降落，再发动第二轮空袭。"飞龙"号航空母舰上的第二航母战队司令山口多闻看到南云行动迟缓,通过灯光信号向南云转达建议:"我认为必须命令第二轮空袭飞机起飞!"

山口多闻是日本海军界的少壮派将领,头脑冷静而且刚强果断,对天皇、帝国绝对效忠,是日本军界中的鹰派人物。

山口多闻从海军军官学校毕业后,在美国普林斯顿大学留学。毕业后,山口多闻历任日本驻美大使馆海军武官、联合舰队首席参谋、海军大学教官、军令部课长和战列舰舰长等。

1939年,根据山本五十六的建议,山口多闻被派往中国汉口,担任日本海军航空部队司令。1940年,山口多闻回国,担任第2航母战队司令官。

在多年的海军生涯中,山口多闻富有远见,以能当机立断而著称,是日本海军不可多得的将领之一。

山口多闻的建议是比较正确的,尽管攻击机在没有战斗机掩护的情况下会遭受很大的损失,但也比留在航空母舰上等待中途岛的美机攻击要强很多。

源田主张先清理甲板,因为在空中的第一轮空袭飞行员多数是他的好朋友,他不忍心看着他们因无法着舰而坠毁。

山口多闻才干超群,很可能成为山本五十六的继任者。

这一点引起了南云的嫉恨,南云不肯接受山口多闻的建议,他命令把在甲板上的第二轮攻击机降入机库,清理甲板后命令第一轮空袭飞机和在舰队上空快耗光燃料的战斗机降落。

8时37分,航空母舰开始回收飞机。15分钟后,飞机全部着舰,机库里的机械兵放下还没有完成的换弹任务,立即为甲板上的飞机加油、装弹。

9时18分,负责警戒的战斗机全部降落,机库里一片混乱。50架战斗机加油装弹完毕后马上起飞,在南云舰队上空护航。

南云命令以30度航向30节航速向北进军,尽早占领有利的攻击海域。

南云本来想做好充足的准备,再给美舰队以重创,可是这样慢吞吞的出击,失去了最佳的战机!

这时,美军航母舰载机群开始了攻击。最先飞到南云舰队海域上空的是"大黄蜂"号航空母舰的35架轰炸机和10架战斗机,但没有看到日舰,因为飞行高度太高,云层遮住了视线,再加上日舰向北行驶,美机在预定海域并未找到日舰,继续向西南寻找,仍未找到。

21架轰炸机回到了航空母舰,14架轰炸机降落在中途岛,有4架在

中途岛海战中,美军轰炸机对日军航母进行轰炸

着陆时爆炸，10架战斗机因燃油耗尽迫降在海面上。

"大黄蜂"号的15架鱼雷机，由沃尔德伦带领，由低空飞行，于9时20分找到了南云舰队，马上发动攻击。可是鱼雷机的速度太慢，又没有战斗机护航，在日军50架战斗机的截击下全部坠落。

9时30分，"企业"号的14架鱼雷机飞到南云舰队上空，分为两组，朝"赤城"号航空母舰两舷发动攻击。在日军战斗机的疯狂拦截下，有9架被击落，剩下的5架投下的鱼雷准确性太差，反被击落1架。返航中，3架鱼雷机由于伤势太重而坠海，只有1架回到航空母舰。

"约克城"号的攻击机群比前两艘航母起飞时间晚很多，但在途中得到了日舰的新位置的情报，立即改正了航线。它们只比"企业"号的鱼雷机晚发起攻击几分钟，12架鱼雷机在6架战斗机护航下袭击"苍龙"号航空母舰，10架鱼雷机和5架战斗机被击落，2架鱼雷机和1架战斗机返回航空母舰。

从清晨开始，中途岛和美舰队共出动了99架攻击机，损失62架，但没有击中南云舰队的航空母舰。

美军"企业"号航空母舰的第6轰炸机中队和"大黄蜂"号的第8轰炸机中队在小麦克拉斯的率领下，在预定海域没有找到日舰。小麦克拉斯下令向北搜寻。

10时，小麦克拉斯发现了日军舰队。南云的4艘航母正以菱形队形朝北撤退，"飞龙"号在北面，"加贺"号在南面，"赤城"号在西面，"苍龙"号在东面。美机由西南方向靠近，小麦克拉斯把33架轰炸机分成两组，分别朝"赤城"号和"加贺"号发动攻击。

在"赤城"号的飞行甲板上，舰上飞机的发动机都已经发动了，航空母舰立即转向逆风航行，5分钟之内，所有飞机就能够腾空起飞。只需5分钟！然而，美机已经开始攻击了！

日军兵败中途岛

> 两枚炸弹对巨大的航空母舰无法造成重伤,然而,炸弹却使甲板上的飞机全部爆炸,火势快速蔓延,航空母舰失去了作战能力,通讯联系中断。

1942年6月4日,太平洋万里无云,云高3000米,为美机空袭南云舰队提供了最佳的条件。

10时24分,"赤城"号下令立即起飞,飞行长挥动着小白旗,第一架"零"式战斗机,冲出了飞行甲板。正在这时,瞭望哨呼叫:"美军俯冲轰炸机!"

3架美机向"赤城"号俯冲下来,日舰的机关炮立即开炮,但已经晚了!美机的大肆攻击没有遭到日战斗机的拦截,因为日军战斗机刚刚拦截美军的鱼雷机,正在舰上补给。空中没有一架担任警戒的战斗机!

就是说,美军俯冲轰炸机的攻击是以美军鱼雷机的牺牲换来的。日军庞大的航空母舰无法躲避,处于最容易受到攻击的情况下——正在逆风航行进行起飞,飞行甲板上有很多加满弹药和加足燃油等待起飞的飞机。

"赤城"号航空母舰被两枚450公斤的炸弹击中,一枚落在升降机后面,另一枚落在飞行甲板的左舷上。

两枚炸弹对巨大的航空母舰无法造成重伤,然而,炸弹却使甲板上的飞机全部爆炸,火势快速蔓延,航空母舰失去了作战能力,通讯联系中断。

南云的指挥失控后,第8巡洋舰战队司令阿部弘毅海军少将马上接过战舰指挥权。同时,山口多闻接过空中作战的指挥权。南云的参谋长草鹿要求马上把司令部搬到"长良"号巡洋舰上,南云不想离开心爱的"赤城"号,更不想抛弃那些与他同甘共苦的"赤城"号官兵。

青木舰长说:"长官,有我照看母舰,我们都请您搬到'长良'号,继续指挥舰队。"

草鹿又请求南云离开旗舰,南云知道无法在"赤城"号上指挥了,只好跟青木舰长辞别,爬到舰桥的窗口,拽着绳子爬到甲板上,然后离开。10时30分,参谋长和人员随后也离开了"赤城"号。

与此同时,小麦克拉斯的机群还攻击了"加贺"号航空母舰。10时24分,9架美机朝"加贺"号俯冲,各投掷了1枚炸弹。前3枚炸弹差点击中,在"加贺"号航空母舰周围掀起了巨大的水柱。

在中途岛海战中,日本"加贺"号航空母舰被击中后下沉

第四章 中途岛的转折

接下来的 6 颗炸弹中有 4 颗命中"加贺"号飞行甲板。其中最靠近舰首的炸弹落在舰桥旁,炸毁了一辆小加油车,使舰桥和四周的甲板燃起大火,很多舰员伤亡。舰长冈田次作和其他军官当场死亡,幸免于难的飞行长天谷孝久立即接过指挥权。

舰上燃起了熊熊大火,舰员们努力制止火势,可是整个军舰都被大火包围,很难找到躲藏的地方。

天谷等大部分舰员,被迫撤到小艇甲板上躲藏。

3 个多小时后,天谷忽然发现距离"加贺"号几公里远的地方露出一支潜望镜。几分钟后,三道白色鱼雷的水迹朝"加贺"号扑来。美军潜艇正在发射鱼雷。

两枚鱼雷从"加贺"号航空母舰旁边飞过,一枚鱼雷命中了"加贺"号,这枚鱼雷击中军舰后侧以后断成了两截。带着气仓的后半截正在水上漂浮,在海水中的日本舰员顺手抓住半截鱼雷,等待拯救。这样,美潜艇发射的鱼雷竟变成了救命的工具。

"加贺"号航空母舰的大火越来越大。10 时 40 分,天谷命令弃舰。

"加贺"号被击中时,"苍龙"号的机械兵们正忙着起飞的准备工作。

机械兵们看到"加贺"号燃起熊熊大火时,知道"加贺"号在劫难逃,不约而同地观望天空,13 架美军俯冲轰炸机正向他们俯冲下来,几分钟内,"苍龙"号连中 3 弹。

第 1 颗炸弹击中舰身前面的飞行甲板,后两颗炸弹命中了中部升降机。烈火引爆了油库和弹药库。

10 时 30 分,"苍龙"号变成了火葬场,爆炸声不断响起。舰上的炸弹和鱼雷全都爆炸了。

10 分钟后,"苍龙"号丧失了行动力,轮舵和消防系统被彻底炸毁。

因为火势太猛,舰员被迫逃到甲板上,连续不断的大爆炸把很多舰员炸到了海面上。

10时45分，柳本柳作舰长下令弃舰。为了躲避大火，很多人马上跳海。"滨风"号驱逐舰和"矶风"号驱逐舰赶来营救。

柳本舰长仍站在熊熊燃烧的航空母舰的舰桥上，誓与航母共存亡。驱逐舰上的舰员们让相扑冠军阿部兵曹去把他抱出来。

当阿部兵曹回到"苍龙"号舰桥时，看到柳本舰长手持军刀，坚定地注视着前方。

阿部兵曹来到舰长面前，大喊："舰长，我代表全体舰员，接您去安全的地方。"

阿部走上前去，想把舰长抱到小船上去。可是，柳本舰长冷酷的面孔迫使阿部停下了。当阿部独自离开时，听到航空母舰上的柳本和其他舰员们唱起了国歌。

当"赤城"号、"加贺"号和"苍龙"号传来巨大的爆炸声时，"飞龙"号航空母舰的山口舰长正在向飞行员们训话："你们已经是南云舰队的最后一批飞行员了……"飞行员们无法相信，几分钟前，南云舰队面对美军飞机的攻击，还是游刃有余。飞行员们决定为3艘航空母舰复仇。

上午10时40分，18架俯冲轰炸机，在6架战斗机的掩护下，从"飞龙"号航空母舰上启程，前去寻找美军的航空母舰。

只靠日军飞行员一方是无法找到的，但是，他们紧紧跟在莱斯利率领的返航机群后面。美军轰炸机把日军飞机带到了弗莱彻将军的"约克城"号航空母舰上空。

在高空警戒的12架美军战斗机，冲进日本机群进行拦截，击落了日机6架。

日本轰炸机立即向下俯冲，有更多的日机被密集的防空炮击碎，但也有3颗炸弹击中"约克城"号。炸弹在"约克城"号舰舱内引爆，炸死许多美军舰员。

日军飞机飞走以后，海面上恢复了宁静，日军共有13架轰炸机和3

被击中起火的"约克城"号航空母舰

架战斗机被击毁。

返航的日军机群马上向山口多闻报告：击中了"约克城"号。

"约克城"号航空母舰上的舰员的拼命抢救使舰上的大火被扑灭了。"约克城"号继续航行，飞行甲板上的飞机仍能起飞。

不久，日军10架鱼雷攻击机在6架战斗机的掩护下，紧贴海面扑来。它们是从"飞龙"号航空母舰上起飞的第二批飞机。它们将不再冒烟的"约克城"号当成了其他的航空母舰，对"约克城"号再次发动攻击。鱼雷机发射的鱼雷命中了"约克城"号，摧毁了舰上的动力、照明和通信设备。

"约克城"号向左侧倾斜，但仍然浮在海面上。后来，舰长伊利奥特·巴克马斯特下令弃舰。

结果，美舰队只剩斯普鲁恩斯少将的两艘航空母舰了。

可是，"约克城"号仍然在海面上漂浮，并由一艘扫雷舰拖往珍珠港。6月6日早晨，日军潜艇发现了"约克城"号，朝它发射了两枚鱼雷，又向为"约克城"号护航的驱逐舰"哈曼"号发射一枚鱼雷。驱逐舰被击沉，舰上有1/3的舰员丧命。6月7日早晨，"约克城"号突然倾覆，沉入海底。

6月4日下午2时45分，一架美国侦察机报告，一支日舰队正朝西面航行。日舰队由2艘战列舰、3艘巡洋舰、4艘驱逐舰和"飞龙"号航空母舰组成。

在"企业"号航空母舰上的斯普鲁恩斯将军，立即出动所有还能参战的飞机。24架美军俯冲轰炸机滑出甲板，向"飞龙"号飞去。

下午5时，日军舰队瞭望哨报告："美军俯冲轰炸机！"

在"飞龙"号航空母舰上，水兵们发现从西南方飞来一长串飞机，就像一条长蛇。

6架零式战斗机飞过去进行拦截，击毁2架美机。其他的美机俯冲下来了。

美机从耀眼的太阳方向钻出，冲向"飞龙"号航空母舰。

炸弹激起巨大的浪花，随后落下的4枚重磅炸弹，穿透了飞行甲板，相继爆炸。

"飞龙"号上的日军舰员拼命救火时，从中途岛飞来的轰炸机群也赶来了，它们扔下了很多炸弹，却无一命中。

又有更多的轰炸机从夏威夷赶来。结果，"飞龙"号难逃沉没厄运。中途岛西北的海面，变成了火葬场。

6月4日21时23分，海水大量涌进，"飞龙"号开始倾斜，很快丧失了行动能力。6月5日凌晨，"飞龙"号沉没。

当南云舰队遭受灭顶之灾时，山本五十六正指挥着主力舰队，在南云舰队后边450海里的洋面上航行。

6月4日上午10时30分，"'赤城'号着火"的电报突然打破了山本五十六的计划。

第四章 中途岛的转折

山本五十六一言不发。20分钟后送来了第二封电报,山本五十六仍然一言不发。

6月5日0时15分,山本五十六命令近藤和南云停止进攻美舰队和炮击中途岛的军事行动,与主力舰队会师。

由于美舰队已经向东撤退,与美舰队进行水面决战已经不可能。若南云舰队继续向东追击,天亮后会遭到美航空母舰的舰载机和岸基攻击机的攻击。山本五十六决定取消攻占中途岛的所有计划;中途岛登陆部队和机动编队与主力会合,联合舰队将于6月6日上午在北纬33度、东经170度海面加油。警戒部队、"飞龙"号航空母舰和"日进"号水上飞机母舰应赶往加油地点;运输船队向西撤退。

对于山本五十六的决定,心急如焚的参谋们无法接受,他们强烈要求攻下中途岛。首席参谋黑岛叫道:"长官,'赤城'号还没有沉没。若被美国拖去当成了战利品,那真是奇耻大辱呀!我们不能用陛下的鱼雷来击沉陛下的战舰呀!"

另一位参谋说:"就这样回国,我们如何向天皇陛下交差?"当天下午,"加贺"号航空母舰和"苍龙"号相继于4时25分和4时30分沉没,但"赤城"号和"飞龙"号航空母舰正在海上燃烧。

这位参谋的话仿佛使整个房间变成了真空,人们几乎连气都喘不上来了。山本五十六难过得哭了出来。很久,他语气缓慢而沉重地说:"我曾经是'赤城'号的舰长。现在又必须由我下令把它击沉,遗憾之至。全部罪责都由我承担,我自己去向天皇陛下请罪。"

"苍龙"号航空母舰的幸存者站在驱逐舰上,注视着正在倾斜的"苍龙"号。

与"苍龙"号一同下沉的,还有700多名舰员,包括把自己绑在舰桥上的柳本舰长。

山本五十六命令"野分"号驱逐舰去击沉"赤城"号。该舰舰长古闲孙太郎说:"我是多么难过呀!'赤城'号是我在太平洋战争中的第一个射击目标。"有221名舰员随该舰一同沉没。

6月5日晚上11时55分,山本正式下达撤退命令。

这时,栗田的第7巡洋舰战队的"熊野"号、"铃谷"号、"三隈"号和"最上号"4艘重巡洋舰以及第8驱逐舰分队的2艘驱逐舰正在执行炮击中途岛的任务。

联合舰队的参谋们根据栗田的报告,核对了栗田部队的具体位置,发现栗田距离中途岛比他们估算的远很多,认为炮击任务是无法按时执行的。在午夜后,参谋们命令栗田撤退。

栗田接到命令时,离中途岛只有90海里。

日舰"熊野"号发现右舷有艘美军潜艇,栗田下令向左转舵。同时,"熊野"号用信号灯向二号舰"铃谷"号发出紧急转向警报信号,"铃谷"号接到信号后,立即转向并发出警报信号。"三隈"号也发出警报信号,

"苍龙"号航空母舰被攻击的情景

第四章 中途岛的转折

并立即转向。后面的"最上"号撞上了"三隈"号左舷。"最上"号前炮塔的舰首部分被撞断,并停止航行。"三隈"号仅受了轻伤。"最上"号仍能维持12节航速。栗田让"三隈"号、"荒潮"号、"朝潮"号替"最上"号护航。

栗田指挥"熊野"号、"铃谷"号继续向加油地点驶去,与山本五十六率领的主力舰队会师。

拂晓后,"最上"号和护航舰以12节航速向西驶去,它们随时都可能遭受美机或美舰的攻击。

6月5日天亮后,中途岛出动12架俯冲轰炸机前往轰炸,弗雷明驾驶的飞机撞向"三隈"号,使"三隈"号受到重创。下午,12架美军轰炸机再次发起攻击,投下的80颗炸弹都没有击中。

美军航母舰队的兵力不足,只能选择一个目标攻击。当美军舰载机追到时,"飞龙"号航空母舰早已沉没,只好攻击护航的驱逐舰。

美军航母舰队又3次派出飞机进攻后面的两艘巡洋舰,将"三隈"号击沉,使"最上"号受重创,"最上"号逃到了特鲁克。

斯普鲁恩斯认为飞行员已经疲惫不堪,况且附近海域又有日军潜艇出没,再加上距离威克岛太近,岛上的日军拥有陆基飞机,遂下令于6月6日黄昏返航。这一决定挽救了美航母舰队。

原来,山本五十六听说美航母舰队在后面追击后,下令把美航母舰队引向威克岛,命令"凤翔"号和"瑞凤"号轻型航母上的飞机、战列舰、巡洋舰和水上飞机母舰所携带的水上飞机,共100架,与岛上的岸基飞机同时攻击,还派出3艘巡洋舰和8艘驱逐舰前去助战。

根据双方航线推算,若美航母舰队继续驶向威克岛,将在夜间与日舰队相遇。

结果,斯普鲁恩斯下令撤退,中途岛海战结束了。

中途岛海战,美太平洋舰队只损失了1艘航空母舰、1艘驱逐舰和

147架飞机，有307名官兵阵亡。日本海军损失惨重，共有4艘航空母舰和1艘巡洋舰被击沉，180架飞机沉入大海，54架飞机被击毁，约有2500名官兵阵亡。

中途岛海战，尼米兹提前发现山本五十六的攻击计划，是日本海军失败的最主要的原因。日本海军惨败的另一个原因是海军兵力的部署不当。山本五十六仍像偷袭珍珠港那样分散部署兵力，导致各部队的兵力都很薄弱。

由于参加中途岛作战的舰只实行无线电静默，在"大和"号旗舰上的山本五十六无法跟各舰队取得联系。因此，山本五十六无法将东京发来的最新情报发给南云，更不能对南云舰队的作战施加任何影响。

中途岛海战惨败后，日本再也没有力量发动大规模的海空作战。日军掌握的太平洋战区的战略主动权，也被美军夺走了。

第五章

瓜岛争夺战

日军转入战略防御

日本海军在南云舰队突然遭到美军的毁灭性打击后,把主力舰队撤到南太平洋地区。图拉吉岛和瓜岛成了美日双方下一步争夺的焦点。

瓜岛是南太平洋所罗门群岛的主要岛屿之一,全称瓜达尔卡纳尔,长约167公里,宽约47公里。

太平洋战争期间,日美两国军队于1942年8月～1943年2月在瓜岛进行了岛屿争夺战。

1942年6月,日军在中途岛战场遭受了第二次世界大战开战以来的第一次惨败,骄横无比的日军领教了美海军的厉害。

中途岛的惨败使日军骄傲的头脑变得清醒,日军修改了原先制定的太平洋战场作战的方案。经过珊瑚海、中途岛海战后,日军的舰载飞机损耗达到400多架,而且很难得到补充。日军的航空母舰没有陆基航空兵的护航不敢出动。岸基航空兵只能在距离基地300海里范围内作战。与日军航空兵得不到有效补充的情况相反,盟国军队的兵力却越来越强。

1942年7月11日,日军军部下达重要的作战命令,要求马上停止切断美国与澳大利亚交通线的"FS"作战。

新的作战以战略进攻为方针,逐渐转向持久战和巩固日军在太平洋地区的防御圈。

日军统帅部制定了作战方案:从新几内亚岛北部海滩登陆,翻过欧文斯坦利山,进攻莫尔兹比港。

为了支援进攻部队的翼侧,日军决定在瓜岛建立一个机场,作为轰炸机的基地。日军认为，有了轰炸机机场，轰炸机就能够轰炸西南太平洋的大部分地区，为海军作战提供空中支援，仍能破坏美国至澳大利亚的海上交通线。

为此，日军统帅部给驻扎在西南太平洋地区的日本陆军和海军下达了两个任务：陆军第17集团军发动从陆地进攻莫尔兹比的战斗，海军舰艇部队和岸基航空兵负责运输、护航和空中掩护；海军和岸基航空兵在俾斯麦群岛、新几内亚东部和所罗门群岛等地，修建一系列岸基航空基地。最重要的工作是瓜岛轰炸机机场的修建。

1942年6月，阵阵的海潮喧嚣翻涌，掀起巨大的海浪。夏威夷地区珍珠港，教堂悠远的钟声，在雾气笼罩的港口上空回响，为饱经战火的海空军基地带来几分祥和的气氛。

中途岛海战所带来的喜悦与激情早已消退了。美军官兵的心中都很清楚，中途岛海战仅仅是太平洋战争中一次局部战斗，无法歼灭日军，等待美军的将是更艰难的险阻和更加残酷的战争。

太平洋舰队司令尼米兹头脑冷静，没有为一时的胜利而骄傲自满。尼米兹相信马歇尔对罗斯福总统所讲的一句话：中途岛海战是伟大的胜利，但只是侥幸而已。

日军仍然在西南太平洋上横冲直撞，日军在几个月内攻占了新加坡、马来西亚、苏门答腊和苏拉威西、俾斯麦群岛，使澳大利亚的达尔文港受到重创。

因为美军在中途岛海战中获胜，战略的主动权已经掌握在美军手中，美军应该利用这个良机，由防御变为进攻——这是尼米兹急需思考的问题，他希望制定一个明确的作战方案，并立即付诸未来的战斗。

战争的间隙为尼米兹制定作战方案提供了充足的时间。尼米兹认为最重要的是，应对一切可能性进行探索，使任何可供选择的方案成为制定方案时的依据。

在策划的过程中，尼米兹认为最好的方法并不是遵循上级的指导，而是积极地听取下级的意见，从许多战斗在第一线的官兵，也就是飞行员、掷弹人员和航空母舰的水兵那里得到启发。

尼米兹体察下情的作风深受官兵们的欢迎。尼米兹的幽默机智的谈吐经常让部属们心悦诚服。

一次，尼米兹正在夏威夷地区的海滩上进行10英里步行训练。一位水兵把自己埋在海沙里，尼米兹一不小心踩到了他。

水兵骂了一句，当他发现面前的人竟是尼米兹时，连忙解释说："将军！我没认出是您。"

尼米兹忙说："真对不起，我以为沙滩不平呢。"

很多此类的小事使尼米兹赢得了好人缘，使他更容易得到需要了解的事情。

对于顶头上司美国海军五星上将欧内斯特·金上将，尼米兹的态度十分恭敬，但两人的关系并不像尼米兹和下级那样亲密。

每次遇到重大难题，尼米兹都会赴旧金山向金上将请教，另外，尼米

切斯特·威廉·尼米兹（中间）

兹还定期向金上将汇报自己的工作。这样，多次促成尼米兹与家人的团聚。尼米兹夫人凯瑟琳为了能够见到他，特意把家搬到了美国西海岸。

6月30日，凯瑟琳正在机场上等待尼米兹的到来时，出现了军人的妻子容易遇到的那些灾难。

原来，尼米兹搭乘的水陆两用飞机在旧金山湾迫降时，与一根浮木相撞，机头朝上窜起，飞机在水上蹦蹦跳跳，机身裂开了一个大洞。

当时，尼米兹和参谋们正在玩纸牌，没有系安全带。因为飞机的激烈振动，他们都受到撞击。尼米兹和副官默塞尔幸亏背朝机首，所以只受了轻伤。

飞机涌进海水，舱内的人们打开货舱门，爬到机翼上。默塞尔询问尼米兹的伤情，尼米兹说："噢，上帝保佑，文件夹没有丢。"

医护人员搭乘救生艇赶到事故现场，抢救工作量很大。除了尼米兹和默塞尔以外，其他人员都伤势不轻，还有一位飞行员死亡。

尼米兹看到随行人员的伤势较重，便与同机的人穿着浸湿的衣服站在机翼上，冻得发抖。护士要求尼米兹上船，但他决定在伤员安全离开以后再走。

心急如焚的凯瑟琳看到丈夫的安全归来，与尼米兹紧紧地拥抱在一起。尼米兹和凯瑟琳已经6个月没有见面了，像很多亲密夫妻一样，相互间要说的话太多了，温馨的交谈使尼米兹暂时忘了疼痛。

伤势好转后，尼米兹便与夫人一起到马雷岛海军医院探望随行人员。

7月3日下午，金上将从华盛顿飞抵旧金山。7月4日，两天的会议正式开始。会议结束后，尼米兹向凯瑟琳告别，飞回珍珠港。

尼米兹长期置身于一场让他痛苦的长年争斗之中，他不仅与日军斗，还要为争夺各军种间的利益和任务进行斗争。

为了进行反攻，中途岛海战结束后，尼米兹把目光投向西南太平洋上一个奇怪的小岛——瓜岛。

瓜岛是所罗门群岛中最大的岛，是澳大利亚的门户，离日本比较近。所罗门群岛是一架通向日本的梯子，而瓜岛是梯子的第一级。

日本海军在南云舰队突然遭到美军的毁灭性打击后，把主力舰队撤到南太平洋地区。图拉吉岛和瓜岛成了美日双方下一步争夺的焦点。

尼米兹认为，美军占领瓜岛后，就能逐级登梯直达日本。这是最终进攻日本本土的军事计划的重要一步。

麦克阿瑟反对尼米兹进攻图拉吉岛和进攻瓜岛的计划，他说这个方案太冒险了。可麦克阿瑟却提出了更冒险的计划。

麦克阿瑟要求马上进攻腊包尔，说若海军用航空母舰和海军陆战队第一师帮助他，他就能够偷袭新不列颠岛，占领腊包尔和俾斯麦群岛，使日军向北撤退700海里，退守特鲁克岛。

尼米兹对此坚决反对。尼米兹认为实施麦克阿瑟的作战方案，要由航空母舰承担主要任务。在所罗门海域中只有2艘航空母舰，麦克阿瑟却要把航空母舰当作牺牲品。

金上将也认为把航空母舰和太平洋地区仅有的一支海军陆战队派到日军空中火力密集的地区等于自投罗网。金上将主张攻占所罗门群岛，把瓜岛上的机场修复，用轰炸机和战斗机支援攻打腊包尔的进攻部队。

金还指出，参战部队来自太平洋舰队，指挥权应归尼米兹。麦克阿瑟立即提出了反对意见：所罗门群岛地处西南太平洋海区，在西南太平洋作战的部队应归他指挥。麦克阿瑟得到了参谋长联席会议主席马歇尔的支持。

金上将说，在欧洲作战的部队主要是陆军，由陆军负责最高指挥是正确的。而将要开始的所罗门群岛战役的作战部队是海军和海军陆战队，由海军负责最高指挥是正确的。

麦克阿瑟在给马歇尔发送的一份电报中提出，尼米兹想把陆军降为次要地位，"主要是想把陆军放在海军和海军陆战队的指挥下"。

尼米兹对兵种之间的相互争斗非常厌烦，对麦克阿瑟的好大喜功心存不满。为了大局，尼米兹从来没有在公共场合表露过，对麦克阿瑟总是礼让三分。

但涉及到对日作战方案和指挥权的原则问题，尼米兹向金上将表示，如果得不到西南太平洋战区陆军的支援，也应发动对图拉吉岛的攻势。

这件事在美军军界中闹得很大，如果不及时平息，很可能影响太平洋战争的胜负。

马歇尔、麦克阿瑟和金上将、尼米兹召开了紧急会议，通过讨价还价，双方达成关于所罗门群岛计划的方案。这个方案接受了海军的建议，但同时照顾了麦克阿瑟的陆军。

7月2日的方案规定：战役的第一阶段，是攻占圣克鲁斯群岛、图拉吉岛，由尼米兹将军负责战略指挥。为了方便指挥，双方将南太平洋地区和西南太平洋战区的分界线改为东经159度。美军攻占图拉吉地区后，向巴布亚半岛的萨拉莫阿和莱城进攻，把战略指挥权交给麦克阿瑟。战役第二阶段，由麦克阿瑟指挥沿所罗门群岛北上的所有美军部队。盟军从两条战线上夹击腊包尔的日军。

这就是著名的"岸望台"计划，"岸望台"计划的第一次登陆时间为8月1日。

日军失去瓜岛要地

就这样，酒井驾驶受重创的战斗机，回到了腊包尔机场。救护人员把酒井从飞机座舱里抬出来时，酒井变成了"血人"，酒井成为日军飞行员崇拜的偶像。

日军和美军都将目光瞄向了瓜岛，在瓜岛将展开一场争夺战。

1942年7月，南太平洋美军的基本兵力为两个编队：一是，第61远征特混编队，司令是弗莱彻；二是，第62南太平洋两栖编队，司令是特纳。还有一支岸基航空编队。

为进行瓜岛战役，南太平洋部队得到增援。登陆突击部队海军第1陆战师近2万人由新西兰和圣迭戈赶来增援，由范德格里夫特担任师长。

弗莱彻中将率领航空母舰编队，负责整个登陆舰队的战术指挥。特纳海军少将指挥两栖作战部队，麦凯恩海军少将指挥岸基航空兵编队。他们拥有3艘航空母舰在内的88艘舰只和298架岸基飞机。另外，麦克阿瑟管辖的航空兵和潜艇部队也给予支援。

日军在西南太平洋地区的兵力为陆军第17集团军，共13个营，司令是百武中将。日海军第8舰队驻腊包尔，司令是三川海军中将，拥有7艘巡洋舰，若干驱逐舰和潜艇。在瓜岛的日军拥有1个营的兵力，还有施工人员2700人。

1942年7月31日，特纳率领南太平洋登陆舰队，运载美海军第1陆战师1.6万人，在弗莱彻的航空母舰编队的护航下，由斐济岛出征，向瓜岛进军。

8月7日凌晨1时，美登陆编队驶入距离瓜岛10海里的海域，兵分两路。代号"X射线"的美军由师长范德格里夫特率领，下辖第1、第5陆战团，途经萨沃岛南水道攻打瓜岛。

其他代号"Y射线"的美军是由副师长鲁普斯塔斯率领，下辖4个营，途经萨沃岛北水道攻打图拉吉岛。留下两个营作为机动部队。

6时许，支援编队的军舰不断炮击瓜岛的日军阵地，接着，从航空母舰起飞的舰载机到达瓜岛上空，发动猛烈轰炸和疯狂扫射。

在舰炮和航空母舰的火力支援下，登陆部队于9时40分开始登陆，第5陆战团团长亨特第一个冲上了滩头，部下随后向上冲，迅速扩大了滩头阵地，向纵深猛冲。

美国陆战1师登陆瓜岛

接着,后续部队相继上岸。因为日军的情报机关不知道美军会登陆,岛上的日军没有任何准备。岛上的日军多数是修建机场的朝鲜工人,没有武器,少数看管工人的日军发现美军大举入侵,连忙逃进丛林,美军趁机占领了阵地,日落时有1.1万多人成功登陆。

没有瓜岛地图,美军上岸后始终在丛林里缓慢前进,第二天一早来到了机场,日军连忙逃进丛林,美军未发一枪就占领了机场。机场跑道已经有80%完工了,塔台和发电厂已经修建完成。

美军缴获了粮食、建筑设备、建筑材料,还有几百箱日本啤酒和一个冷冻加工厂。

瓜岛登陆战很成功,是在日军几乎没有阻击的情况下获得的,若日军早有准备,美军肯定遭受重创。

日军很快就组织反攻。54架日机从腊包尔起飞,包括27架陆上攻击机、9架舰载俯冲轰炸机和18架战斗机,其中2架战斗机的飞行员,是王牌飞行员——酒井三郎和西泽广美。9架舰载轰炸机，载油量很少，无法返回基地，这是一次自杀性的攻击行动。

腊包尔和瓜岛间距离560海里，在战前，日军为了使陆基攻击机具有更大的续航力，把油箱装甲设计得非常薄，结果受到轻微攻击就会爆炸。

快到瓜岛上空时，日战斗机分为两队，分别支援陆基攻击机和舰载俯冲轰炸机。日军机群还未靠近，瓜岛机场和航空母舰上的美军战斗机就发现了日军机群，它们立即编好队形，向日机冲去。

美军战斗机机体粗短而笨重、速度慢、机动性差，但火力特别强，在每架战斗机上装有3挺航空机枪。每当航空机枪射击时，经常使日军飞机防不胜防。日军战斗机装备是7.7毫米机枪，火力不如美军战斗机，但其速度快、机动性强，因此在空战中具有很大的优势。

西泽分队的9架战斗机，向瓜岛上空警戒的美军战斗机扑去。西泽加大马力第一个飞上前去，立即与一架美机战在一起。西泽突然抬高机头，躲开了美机的强大火力，连忙一压机头，在400米的近空按动炮钮，美机变成火球，坠入大海。

首战告捷的日军飞行员士气旺盛，发起了冲锋，与美机展开混战。很快，机关炮和机关枪的射击声、飞机被击中的爆炸声，混在一起。

有的飞机被击中后爆炸，碎片纷纷飞扬；有的飞机后半截被击掉，前半截在空中画着弧线似流星般坠落；有的飞机中弹后拖着烟火向海面扎去……

在几分钟的空战中，西泽立了大功。每次，他只在绝对有把握的情况下开炮，他一人击落了5架美军战斗机，其座机却没有受伤。

同时，酒井率领9架战斗机迎战6架美军战斗机，美军战斗机不是日军战斗机的对手，都被击落了。

日机在返航的途中，遭到"亨德森"机场的美军战斗机的拦截，混战中有几架日机被击毁。日军战斗机面临被美军战斗机蚕食的危险。

第五章 瓜岛争夺战

突然,酒井单机直闯美机群,第一炮就击中一架美机。其他日机赶来相助,打得美机群无力招架,仓皇逃跑。在这次空战中,酒井又击落了3架美军战斗机。

此时,酒井率领9架日机对四散而逃的美机紧追不舍。忽然,酒井看到在正前方有8架美机。他们立即爬高转弯准备从后边发动偷袭,直到进入有效射程才开火时,才发现原来是美军新式的格鲁曼复仇者式鱼雷轰炸机。

"复仇者"的尾部装有双管12.7毫米机枪,这时,8架复仇者式飞机至少有10管机枪瞄准了日机。

酒井连忙按下机头躲避,美机开火了,几条火舌朝酒井的座机射来。"砰!砰!"两声巨响,飞机的挡风玻璃被两发大口径机枪子弹击穿,玻璃被击烂。

整个世界都仿佛爆炸了,酒井驾驶的战斗机震得直抖。酒井在空战中头部受了重伤,一只眼睛永远失明了。但在昏迷之中,酒井的双手仍然紧握飞行操纵杆。战斗机不停地向下栽,一会儿,强大的冷气流通过挡风玻璃吹来,酒井猛地醒了过来,一会儿又昏迷不醒了。

就这样,酒井驾驶受到重创的战斗机,回到了腊包尔机场。救护人员把酒井从飞机座舱里抬出来时,酒井变成了"血人",酒井成为日军飞行员崇拜的偶像。

与此同时,日军9架舰载俯冲轰炸机轰炸了美国舰队,"马格福特"号驱逐舰遭受重创,9架日机有6架被击毁,3架因燃油耗光而坠毁。

另有9架零式战斗机,为陆基轰炸机护航,轰炸了美军舰和运输舰,美军1艘驱逐舰和1艘运输船受了轻伤。

8月9日,在日军战斗机的掩护下,32架挂有鱼雷的陆基轰炸机又扑来了。在舰载高射炮的火力封锁下,共有18架日军飞机被击落。

但日军飞机仍然顽固地作战,1架陆基轰炸机突破舰载高射炮群的火力网，飞向"贾维斯"号驱逐舰，鱼雷击中了舰首，"贾维斯"号爆炸，立即沉入太平洋。

在空战中，西泽驾驶战斗机，不断地上下翻飞，在美军机群中不断躲闪。只要绝对有把握，就射出一串炮弹。西泽不记得击落了几架美机。突然，1架美军战斗机迎面飞来，西泽瞄准目标按下了按钮，炮弹竟没有射出去。噢，弹药光了！

很快，美军战斗机喷出了火舌，西泽的座机在一阵弹雨中剧烈地振动着。西泽连忙调转机头，但右腿却不听使唤，因为右腿早已被密集的大口径机枪子弹穿透。

在此危急关头，西泽忽然驾驶冒出浓烟并且快要爆炸的战机，朝一艘重型巡洋舰的炮塔扑去。重型巡洋舰上的美军官兵们被日机这种不要命的自杀行动吓坏了，突然舰上枪炮齐射。"轰"的一声，西泽的座机就像重磅炸弹一样撞到重巡洋舰上。西泽在几百名美军舰员的"陪葬"下，被海水吞吐没了。

一架受伤的日机扎到海里

三川舰队的疯狂反扑

短短半小时的海战,盟军共有4艘巡洋舰被击沉,官兵死亡1270人,另外,还有1艘巡洋舰和1艘驱逐舰受到重创。

在图拉吉登陆的美军并不像瓜岛登陆那样顺利,他们与日军发生了激烈的战斗。

图拉吉岛是天然的避风海港,图拉吉岛的东侧有两个小岛:加武图岛和塔那姆勃戈岛,它们是图拉吉岛的屏障。这两个小岛上原来建有水上飞机机场,日军攻占后进行了扩建,准备建成能够监视所罗门海域的水上飞机机场。

前来进攻的美军过高地估计了图拉吉岛日军的兵力,进行了猛烈的炮火攻击,日军连忙躲到掩体里。美军在猛烈的炮击后纷纷登上图拉吉岛,但向纵深进攻不久就遭遇了日军的有效阻击。

在两个小岛上,美军低估了日军的兵力,因为两个小岛太小,日军被迫在海滩前沿抵抗,由于美军的炮火准备无法摧毁日军建在山崖上的火力点,美军登陆艇由10公里外开始进攻,日军趁机进入前沿工事。

美军士兵刚上岸时,日军一阵齐射,美军指挥官受到重伤,士兵倒地一大片,被密集的火力压在海滩上抬不起头来。双方的距离太近了,美军无法派舰炮火力掩护。几个小时后,美军陆战队把81毫米迫击炮运上岸炮击日军工事,并派来飞机提供空中火力掩护,这才得以向纵深进攻。

日军依靠在山洞中的工事拼死抵抗,美军的爆破小组从日军火力的死角冲到了山顶,把炸药和手雷扔到山洞里,这才把日军歼灭。

图拉吉战斗十分惨烈,为了早一点歼灭日军,范德格里夫特把预备队

经典 全景二战丛书 血战太平洋

两名美国海军陆战队员操作一挺缴获的高射机枪

都派上战场。黄昏，日军退到了山谷。夜里，美军发动了4次攻势，把大部分日军消灭了。

1942年8月8日黄昏，美军终于全歼了日军，占领了图拉吉。在长达两天的激战中，日军有23名重伤者被俘，剩下的全部战死，这真正让美军领教了日军的顽强。此次战斗，美军死亡100人。

图拉吉岛的日军被美军歼灭以前，曾向腊包尔的日军发出求助电报，因此日军知道了美军的登陆行动，陆军第17集团军百武司令认为这不是美军的大反攻，肯定是骚扰性质的偷袭，很容易把图拉吉岛的美军打退。若瓜岛的机场被美军占领的话，那对南太平洋地区的日军太不利了，百武决定组织兵力早日夺回瓜岛。可是，百武不想抽调攻打莫尔兹比港的部队。

最后，日军第8舰队司令三川军一中将只好从驻腊包尔的海军陆战队中抽调519人乘坐"明洋"号运输船和"宗谷"号供应舰，在1艘巡洋舰、1艘扫雷舰、1艘猎潜艇的护航下，攻打瓜岛。

8日，三川根据侦察机的报告，得知美军在瓜岛海域实力强大，连忙下令进攻编队返航。在返回途中，"明洋"号被美军潜艇击沉，船上的373名海军陆战队员全部淹死。

三川军一中将认为瓜岛美军对日军十分不利，决心早日组织反攻。

这时，第8舰队的军舰由于执行各种任务而变得分散，三川调来了5艘重巡洋舰、2艘轻巡洋舰、1艘驱逐舰。

8月7日晚，日军第8舰队由腊包尔启航，向南进军。

日军在白天不敢南下，因为无法躲开美军的空军侦察。

当晚，日海军第8舰队刚刚启航，美军潜艇报告了上级。由于日军舰队距离瓜岛500多海里，因此没有引起美军的充分关注。

8月8日8时，一架澳军的侦察机突然发现了日军第8舰队，澳军飞行员出于无线电静默的顾虑，没有向总部发送无线电报告。

下午，这架澳军侦察机飞回基地。飞行员吃过饭后向总部报告，结果耽误了6个小时，使美军无法及时派遣侦察机核实。而且，飞行员还把第8舰队的编成误报成2艘水上飞机母舰、3艘巡洋舰、3艘驱逐舰。

登陆编队司令特纳认为这样的日军舰队不敢前来海战，很可能是在某处港湾建立水上飞机基地，以弥补失守的图拉吉岛的水上飞机基地。

同时，美军最可靠的情报来源——密码破译小组，因为日军刚刚使用新密码，需要时间破译密码。日军第8舰队在航行时采取了无线电静默，因此无法截获准确的情报。

特纳知道登陆编队是日军进攻的主要目标，从腊包尔至瓜岛的必由航道是所罗门群岛两串岛屿间的狭窄水道。

8月8日，特纳派2架侦察机顺着水道侦察。由于天气恶劣，飞行员没有飞完全程就回到基地了，飞行员将这一情况隐瞒了。所以，特纳以为日舰队没有进入所罗门群岛海域。

三川为了能够了解美军的情况，8日4时，要求5艘重巡洋舰各放飞1架舰载侦察机，侦察瓜岛的美军情况，掌握了美军舰队的实力和部署。

当时，三川得知美军在瓜岛海域拥有多艘航空母舰，控制着制空权，并在兵力上占有绝对优势。

三川决心用己之长攻美军之短，发动夜袭。下午4时，三川再派两架侦察机进行侦察，以进一步了解情况。

到达瓜岛与图拉吉岛之间的海域后，三川又派出两架侦察机侦察美舰的停泊地点。因为三川出动了三次侦察，对美军的情况已经了如指掌。

三川计划从萨沃岛以南秘密驶入铁底湾，先歼灭美军的巡洋舰，再歼灭运输船，最后由萨沃岛向北撤退。很快，三川的旗舰"鸟海"号重巡洋舰用灯光信号把作战计划下达给各舰。

下午6时，三川命令日舰把甲板上的易燃物都扔入大海，对弹药进行

日本"鸟海"号重巡洋舰

最后的整理并做好战斗准备。

晚 10 时 35 分，在夜幕的掩护下，以日舰"鸟海"号为首的单纵列舰队组织了攻击队形，以桅杆上的白色旗帜为令，航速高达 29 节，冲向瓜岛海域。

三川在旗舰"鸟海"号上，正在研究侦察机送来的 3 份美军情况的报告。这三份情报分别是：一艘美军运输船，被日机攻击起火，火势很大；在图拉吉岛和瓜岛附近，停泊着很多美军运输船；在美军登陆场西面有美军的巡洋舰队。

三川知道，前两份情报对第 8 舰队不构成威胁，而且知道美军运输船队的位置，便于舰队找到进攻目标。对美军的巡洋舰必须高度戒备。美军的巡洋舰是对日本第 8 舰队的最大敌人。在击沉美军的运输船队以前，必须先击沉美军的巡洋舰。

很快，三川发出了战斗命令，要求舰队向美军的巡洋舰发动进攻。

另一方面，美军中负责海空支援的航母编队司令弗莱彻，以舰载机损失严重和燃料不足为由，向戈姆利请求撤退。近黄昏时，还没有获得批准，弗莱彻擅自率领航母舰队撤离了瓜岛海域。

航母舰队撤离后，特纳连忙召来掩护编队司令克拉奇利和范德格里夫特，召开紧急会议。特纳宣布因为没有了空中支援，他的舰只会在第二天撤退。这时，登陆部队的补给物资卸载量还不足1/4。

登陆部队司令范德格里夫特对此表示强烈不满，然而，特纳说他的舰队的处境太危险了，只能连夜尽量多卸一些补给物资。双方展开了激烈的争论，会议开了几小时后不欢而散。

会议结束后，克拉奇利坐汽艇匆忙赶回旗舰。就在半路上，战斗开始了。美海军的兵力部署在三个巡逻区上：以瓜岛和图拉吉岛之间的萨沃岛来划分南巡逻区和北巡逻区，佛罗里达岛西侧子午线以东为东巡逻区。

南巡逻区由第1大队3艘巡洋舰、2艘驱逐舰负责巡逻，北巡逻区由第2大队3艘巡洋舰、2艘驱逐舰负责巡逻，东巡逻区由第3大队2艘巡

滩头的美军物资及车辆

洋舰、2艘驱逐舰负责巡逻，另以2艘驱逐舰在萨沃岛以西警戒，作为警戒哨。

三川的第8舰队所发现的美军巡洋舰，是由英国海军少将克拉奇利指挥的一支巡逻舰队，舰队共有6艘巡洋舰，两艘护航的驱逐舰，还有两艘装备了雷达的驱逐舰。克拉奇利的巡逻舰队任务是在"狭口"海峡的西面迎击日军。

当克拉奇利的巡逻舰队刚到达萨沃岛与瓜岛之间的海域时，三川立即下达攻击命令。几分钟内，"堪培拉"号巡洋舰变成了浓烟滚滚的火船，"芝加哥"号巡洋舰的舰首被击毁，巡洋舰"阿斯托里亚"号和"昆西"号也变成了火船，很快就沉没在"铁底海湾"。

美巡洋舰"文森斯"号立即反攻，击中了日巡洋舰"衣笠"号，然而，"文森斯"号也被日舰队击沉。

短短半小时的海战，盟军共有4艘巡洋舰被击沉；盟军官兵死亡1270人，另外，盟军还有1艘巡洋舰和1艘驱逐舰受到重创。

这就是第一次所罗门海战。在战斗中，美舰队损失惨重。

当时，美军的运输补给船的绝大部分物资仍未卸完。日军重创了美军的巡逻舰队后，没有进攻美军的运输船队。

8月8日夜晚的所罗门海战，使美军的海上掩护力量大大削弱，为了避免运输船队遭受日本舰队的打击，特纳命令运输船队立即撤退到新喀里多尼亚。

8月9日，当美国海军陆战队士兵从"亨德森"机场空投到瓜岛海滩时，看见眼前是一片平静的海洋，战舰和补给船都不在了，他们知道："现在一切只能靠自己了，日军的增援部队很可能源源不断地开来，并且从陆上、海上和空中向陆战队发动立体攻势。"

为了对付即将来到的日军的攻势，范德格里夫特将军连忙下令：将海滩上的所有补给品都运到岛内藏起来，防止日军的飞机和舰炮破坏补给品；在机场周围建立防御圈，继续修建跑道，迎接美军战斗机的到达；美国舰队已经撤退，日军会从海上发动登陆战，部队马上构筑工事，组织防御力量。坦克和炮队集中在防区的中央，对防御区附近任何前来进攻的日军发起粉碎性炮击。将90毫米高射炮布置在机场西北，在机场正北部署了75毫米半自行高炮。若有需要，能够立即进入海滩上的既设高炮阵地。

此时，躲在岛上密林深处的日军并没有放弃抵抗，日军对美军进行了疯狂的报复。

8月9日至12日，三川率第8舰队向瓜岛的美军发起试探性进攻。三川先派飞机进行空中轰炸，重磅炸弹在灌木丛中纷纷爆炸，岛上冒起浓烟并燃起烈火。

第8舰军的巡洋舰和驱逐舰向瓜岛进行两次炮击，炮击后立即返航。岛上躲进密林的日军立即组织反攻登陆的美军，因为美军早就有所准备，日军的反攻失败了。

8月12日夜间，一支26人的美军陆战队在马塔尼考河附近登陆，遭到瓜岛残留日军的伏击，只有3位美军士兵逃生。据这3位逃生者报告，不管美军俘虏怎样求饶，都无法逃脱被切腹、劈开的命运。

美军士兵被日军的野蛮行径激怒了，双方开始了惨无人道的仇杀。

一木支队全军覆灭

人数不多的日军，仅凭手中的"三八"步枪和手雷竟击退了装备飞机、火炮和坦克的美军，美军官兵不得不钦佩日军的顽强。

日本统帅部听说美军在瓜岛登陆后，认为只有发动登陆战才能夺回瓜岛。

第五章　瓜岛争夺战

日陆军第 17 集团军军长百武奉命指挥登陆战，百武在腊包尔仔细推敲了瓜岛的形势。

百武以为瓜岛上的美军仅为 2000 人，但实际上却有 7000 人。百武认为只需 6000 人就能够夺回瓜岛。可是，百武能够动用的兵力不足 1000 人，他只能派这些部队去完成艰难的登陆任务。

为了登陆作战的胜利，百武决心选派最优秀的指挥官肩负这一重任。百武选择了一木大佐。

一木大佐身材低矮，具有热带丛林地作战的丰富经验，并且具有十足的武士道精神。1942 年 8 月 18 日夜，一木大佐率领日军登陆部队分乘 6 艘驱逐舰驶入铁底湾，成功地在美军的防线东面的太午岬附近秘密登陆。

登陆后，一木大佐命令由 34 人组成的侦察小分队向西面摸进。

碰巧，瓜岛上的范德格里夫特将军也派出一支侦察小分队向东面摸进。8 月 19 日午后，两支侦察小分队遭遇了。

日军侦察小分队初来乍到，遭到了美军侦察小分队的突然袭击，被当场打死 31 人，只有 3 人逃生。

美军侦察小分队看到，被打死的日军和岛上残留的日军并不一样，这些日军的胡子刮得非常干净，军装很新，衣袋和文件包中还有地图、电报密码以及日记。

美军侦察小分队马上把这个情况向范德格里夫特将军报告。听了侦察小分队的报告，范德格里夫特立即召开紧急会议。

在军事会议上，与会军官们一致认为，一批日军登陆部队已经秘密登陆了。从缴获的地图中发现，日军侦察兵把机场东面附近的特纳鲁河标示出来了，可见日军重点进攻的目标是美军的东部防线。日军可能是想攻占机场。

范德格里夫特立即下令，第 1 团连夜赶到东线阵地构筑工事，史密斯上尉的战斗机中队马上起飞，搜寻日军主力部队。装甲部队做好战斗准

经典 全景二战丛书 血战太平洋

美军用火焰喷射器向日军坚守的阵地进攻

备，作为机动部队支援各战线。

军官们立即赶回部队。波罗克率领陆战队第1团赶到东线阵地，于20日午夜构筑了更加坚固的工事。

借着月光，一木大佐率日军穿过密密的丛林，来到特纳鲁河西岸的一座沙堤边。这条宽达40米的沙堤横贯特纳鲁河。一木大佐想通过沙堤，偷袭对岸阵地上的美军。

一木大佐发现东岸的美军阵地上有一道长长的铁丝网，竟没有美军守卫。21日凌晨，一木大佐下令进攻。

日军立即从丛林中冲出来，顺着沙堤朝对岸的美军阵地扑去。他们头上缠绕白布条，手上端着三八式步枪，潮水般冲上沙堤。

冲在最前边的是各小队队长。军官们光着上身，挥舞着指挥刀，越过特纳鲁河口。美陆战队第1团团长波罗克下令：等日军靠近些再射击，没有命令不准射击。

波罗克发现日军分成两股兵向沙堤冲锋，便命令阵地上的37毫米口径火炮的炮手瞄准沙堤的中部，在第一股日军通过沙堤后马上炮击沙堤，不让第二股日军通过。

300名日军官兵冲过了沙堤，军官发现没有遇到任何抵抗，命令士兵们加快速度。第二股日军跳出丛林，冲向沙堤。

波罗克一枪击毙了挥舞指挥刀的日本军官，并大喊："射击！"

美军阵地上，轻重机枪一阵齐射，几十个日军官兵倒下了。一木大佐下令火力掩护，几十挺轻重机枪的子弹密集地射向美军阵地。

面对美军的密集火力，日军高喊着："冲啊！"边冲边打，日军手榴弹的爆炸声响彻夜空。

日军军官越过倒下的日军伤员和尸体，挥舞着军刀，冲在最前边。看见日军这么勇敢，美军纷纷惊叫："小日本怎么不怕死呢！"

冲在最前面的日军冲过了沙堤，离美军阵地还有十几米了。波罗克下令:"扔手榴弹!"波罗克用力扔出一颗手榴弹。

手榴弹落在最前边十几个日本官的中间,"轰隆"一声,日军都倒下了。

陆战队员们纷纷扔手榴弹,不断地落在冲上来的日军身边,把许多日军官兵炸飞,日军哀嚎声此起彼伏。

当第二股日军冲到沙堤中央时,美军阵地的火炮发起了猛烈地炮击。一颗颗的榴弹炮在狭窄的沙堤中部爆炸,沙堤中部就像地狱,日军士兵的肢体和躯体上下翻飞。

在炮弹爆炸引起的火光映照下,连特纳鲁河水都变红了。美军不断打出照明弹,使阵地前沿通明透亮。冲在阵地前的日军暴露在美军面前,纷纷倒下。

冲在最前面的日军被迫停了下来,后边的日军挤了上去,聚在一起的日军挤成了一团。

美军趁机集中火力,扫射阵地前的日军。机枪手随意射倒成群的日军。日军抛下死伤者潮水般撤退,无法逃跑的伤兵大骂抛弃他们的日军是胆小鬼。许多日本伤兵拉响了手榴弹,纷纷在阵前自尽。

一位日军指挥官劈死了几个士兵,其他士兵连忙掉过头去,朝美军阵地再次冲锋。

一些冲进美军阵地的日军顽强抵抗,用手榴弹炸毁了美军的火力点,继续射击阵地上的美军。这些人数不多的日军大大牵制了美军的火力。第二股日军连忙冲过沙堤,发动更猛烈的进攻。

一木大佐发现从沙堤上进攻受阻,命令神源中队,绕过特纳鲁河上游,从侧翼进攻美军。

美军发现神源中队向上游迂回后,立即出动一支部队前去阻击日军。当神源中队开始渡河后,美军已经在对岸做好了战斗准备。

"冲啊!"神源怒吼着冲向美军阵地。但美军的火力太猛,日军士兵

美国海军陆战队阻击日军反扑的阵地

无法抬头，都趴下来躲避，逐渐退回原出发地点。

这时，第二股日军已经冲过了沙堤，钻过铁丝网，占领了部分美军战壕。美军的火炮又开始了炮击，沙堤被炮火炸断，日军后续部队被炮火拦在了对岸。

阵地上的美军官兵打得非常艰难，他们与日军激烈地争夺着每一寸阵地。双方展开肉搏战，用刺刀、枪托、匕首展开了厮杀。一个美军士兵拼不过几个端着刺刀的日军，引爆了一箱手榴弹。危急时刻，波罗克把预备队都投入战场，向日军发动反攻。在美军预备队的强大火力打击下，日军被迫全线退守铁丝网附近。

激战至21日拂晓，美海军陆战队第1团终于夺回了前沿阵地。范德格里夫特将军命令21架俯冲轰炸机在天亮时起飞，轰炸日军。

天刚亮，美轰炸机群全部起飞。到达日军阵地上空后，高爆炸弹铺天盖地落在沙堤上，炸得日军无处躲避。

波罗克趁机组织美军发起全线反攻。

美军士兵冲向沙堤，日军无法抵抗，纷纷撤退，许多日军士兵跳下特纳鲁河，河面上漂满了顺流而下的日军……

一木大佐发动的进攻失败，被迫收集残部，退入密林躲避美轰炸机的轰炸。

范德格里夫特将军的心情十分沉重，他知道躲在对岸的日军都是亡命之徒。日军在进攻失败后，绝不会甘心。如果不把日军歼灭掉，瓜岛永远不能安宁，很可能给美军造成重大伤亡。

范德格里夫特决定彻底肃清特纳鲁河东岸的日军。他将5辆坦克调给波罗克指挥，以加强进攻日军的火力。他还派克雷斯韦尔指挥1个陆战营，由特纳鲁河上游涉水过河，绕到日军的后边，封死日军的退路。

8月27日下午，美军发动了全线反攻。

美军向日军战壕扫射

美军12架俯冲轰炸机向日军阵地发动了空袭。美机任意地盘旋俯冲，贴着丛林向日军投掷炸弹。爆炸声响个不停，浓烟笼罩着特纳鲁河口。

与此同时，美军的坦克炮和火炮一齐开火。炮弹接连不断地落在日军阵地上。

波罗克命令5辆坦克由正面发动进攻。坦克冲上沙堤，碾过躺在地上的日军伤员，朝东岸扑了过去。美军官兵躲在坦克后边，向日军阵地冲去。

美军冲向了日军阵地，一木大佐连忙组织日军抵抗，十几个日军士兵被炸得无处可躲，连忙跳出战壕冲向丛林。

一木大佐发现有些士兵竟敢逃跑，连忙击毙了几个逃兵。

这时，克雷斯韦尔率领部队已经绕到日军的身后，从日军的背后展开进攻。

美军两面夹击，杀声震天，气势汹汹。

一木大佐抱着一挺重机枪，对神源说："你立即组织爆破手炸毁坦克，我来掩护你们。"

一木大佐一边喊着，一边用重机枪向后面冲过来的美军疯狂扫射。神源看见一辆美军坦克就要冲下了沙堤，连忙扑了过去。神源利用丛林的掩护，跑到离坦克2米处，突然跳出来，把反坦克手雷塞入坦克的履带中。

随着"轰隆"一声巨响，美军坦克的履带被炸烂，坦克报废了。

后面的美军坦克推开第一辆坦克，继续进攻。在神源的指挥下，日军组织了强大的火力，美军士兵成排成排地倒下。

日军的火力加强了，克雷斯韦尔怕美军伤亡太大，下令部队停止进攻，退回丛林。

由正面扑来的波罗克下令撤回，美军坦克继续炮击日军。人数不多的日军，仅凭手中的三八步枪和手雷竟击退了装备飞机、火炮和坦克的美军，美军官兵不得不钦佩日军的顽强。

进攻受阻后，波罗克呼吁美军轰炸机再次轰炸。范德格里夫特决定派出预备队，再次发动进攻，不给日军喘息的机会。

俯冲轰炸机再次起飞，轮番对日军进行地毯式的轰炸。阵地上的日军无处躲藏，大部分火力点遭到摧毁。

一颗炸弹落在一木大佐身旁，几名军官死亡，一木中了一块弹片，昏迷不醒。克雷斯韦尔指挥美军敢死队，再次发动进攻。

美军敢死队冒着枪林弹雨冲了上去，用全自动冲锋枪疯狂扫射顽抗的日军。

波罗克指挥沙堤上4辆坦克继续向前进攻，美军跳出阵地，紧跟在坦克后面。

日军无力抵挡美军的两面夹击，被迫撤退。

神源背着身负重伤的一木大佐，指挥日军在前面开路，杀出一条血路，朝西南方向败退。

被包围的日军拒不投降，抵抗得十分顽强，一些日军官兵开始剖腹自杀。克雷斯韦尔命令敢死队员杀尽一息尚存的日军伤兵。

在坦克的率领下，美军士兵追击背着一木的神源等日军，追到了海滩。日军躲到海滩的树林后面射击，作最后的抵抗。

因为无路可走，美军坦克撞倒大树缓缓前进，因此进攻速度慢了下来。

美军已经从三面包围了树林，把通向大海的那一面留给日军。日军在劫难逃了。

黄昏时分，美军发动猛攻。神源指挥日军顶住了进攻，但身边只有十几个士兵了。

神源等人靠在一起，整理着仅剩的几颗手榴弹，等待着美军的进攻。

这时，一木大佐醒了。一木听完神源的介绍后，从神源手中抢过军刀，下令烧毁军旗。

日军机枪阵地

旗手划燃火柴，点向军旗。被大雨淋湿的军旗很难点着，神源掏出烈酒浇在军旗上，军旗立刻燃烧起来。

一木等人向军旗敬礼，一木对神源说："全军覆没的责任，由我一人承担。请你们设法突围，向川口将军汇报敌情。我决定向天皇陛下谢罪！"

此时，一木大佐已经虚脱了，他用军刀支撑着站起来，向神源等人鞠了一躬，跪到地上，切腹自杀。

这时，美军发动了进攻。神源下令分头突围，把情况向总部报告。

在美军坦克和士兵的围攻下，剩下的十几个日军四散而逃，多数战死。

8月21日夜，腊包尔日军司令部听说一木支队全军覆灭，这才明白瓜岛美军人多势众，于是决定出动更多的登陆部队，争取在9月底以前重新夺回瓜岛。

阻击登岛大决战

12辆日军轻型坦克冲向沙堤,光着膀子,头上缠绕白布条的日本兵端着三八式步枪,高喊着"天皇万岁",开始进攻。

为了避开从瓜岛起飞的美军轰炸机,日军被迫趁夜暗分批向瓜岛运送部队,即"鼠式运输"。

8月28日夜至9月2日夜晚,日军在夜幕的掩护下,分几批把川口支队和一木支队共5000人运上瓜岛。

9月4日夜、5日夜和7日夜,日军又用同样的办法把青叶支队一部运到了瓜岛。这时,瓜岛上的日军已经有8400人了。

在兵力增强以后,日军决定于9月12日发动地面进攻,并对美军实施大规模的海上炮击和舰载飞机的狂轰滥炸。

参加此次进攻的日军有6000人,分三路进攻,一路由北面进攻,一路冲过特纳鲁河发动进攻,另一路渡过伦加河发动进攻。这次进攻的指挥官是川口将军,川口准备采用闪击战术摧毁美军阵地,收复飞机场。

然而,川口没有考虑日军体力上的消耗,在向美军发动进攻以前,日军必须穿越泥泞的沼泽和多刺的灌木丛。在蜇人的蜂虫和水蛭的围攻下,6000名日军已变得垂头丧气、无精打采了。

当日军艰难地穿过浓密的丛林时,美军早已在陡峭的山岭上修好了工事,等候日军多时了。

范德格里夫特将军在山岭上部署了700名伞兵,司令部就建在山岭后面。

9月12日晚,山岭上的美军紧张地看着缓缓爬行的日军。

忽然，一颗信号弹从山下的丛林里升入高空，黑暗中响起了机枪和全自动步枪的射击声。

第一批日军高喊着"万岁"爬了上来，伏在阵地上的美军的各种武器同时开火，枪炮声和日军的喊叫声响彻夜空。

在凶猛的日本兵的冲击下，美军的一些阵地被突破，有的防线被迫后移。然而，日军丧失了连续进攻的能力，第一批日军已经攻进了美军阵地，但第二批日军还在丛林里喘着粗气向上爬。

这时，美军大炮一阵齐射，炮弹落在美军阵地上的日本士兵之间。日本兵被炸得粉身碎骨，幸存的通过丛林跑掉了。

天亮后，美军发动了反攻，把日军赶出了阵地。山岭仍然掌握在美军手中。

百武将军认为日军肯定占领了这座重要的山岭，所以，在这一天他没有派轰炸机轰炸山岭。据侦察机报告，塔辛博科登陆的美国部队就在川口部队的后面，百武这才连忙派轰炸机前去轰炸，结果把川口的后续部队当成登陆的美军给轰炸了。

在山岭下闷热的丛林中，川口把第一次进攻退下来的日军和刚赶到的日军编成一支2000人的进攻部队，准备再次发动进攻。

当天晚上，川口把2000名日军分成6组，组织轮番进攻。日军高喊着，从黑暗的丛林中向山上冲锋。整个美军防线上展开了激烈的肉搏战。

美军防线的中段逐渐向后移动，但始终没有被日军突破。在东面至特纳鲁河一带，日军也冲向了美军，但仍无法突破美军阵地。

山岭上，日本兵向美军发动连番冲锋。美军大炮发射出更加凶猛的炮火。由于日军向美军阵地不断地接近，炮弹的落点也在向美军的阵地靠近。

双方再次展开肉搏战。双方的许多士兵纷纷被捅死和砍死。在肉搏战中，美军炮弹的爆炸声和惨叫声混合在一起。

当太阳升起时，瓜岛上的美军飞机纷纷出动。飞机上的航空炮和机枪喷射着火舌，击散了日军。

5辆美军坦克顺着特纳鲁河向上推进，把日军打得无招架之力。

川口指挥剩下的日军，躲进茂密的丛林中。川口不想回到海岸，尽管海边的路很平，但美军飞机肯定会狂轰滥炸。

日军混乱不堪，士兵乱哄哄地撤退着，已经没有队形了。第三天，没有食物，只能吃草根和苔藓。日军哪里还抬得动伤兵，只好抛弃他们了。

为了向瓜岛增兵，日海军加快了运输速度。9月中旬至10月中旬，日军几乎每天夜里都会向瓜岛秘密增兵。

10月17日，在瓜岛的日军已经有15个步兵营，2.2万人，装备了25辆坦克和100多门火炮。

为了歼灭瓜岛日军，美军也向瓜岛输送兵力和补给品。9月18日，美军把4200人运上瓜岛。10月13日，美军把3000人运上瓜岛。10月

美军M4坦克向日军阵地喷射火焰

23日，在瓜岛的美军达2.3万人，与日军抗衡。

在瓜岛多次进攻失败后，第17集团军司令百武中将迷惑不解。自从太平洋战争爆发以来，日本陆军一路上所向披靡，而瓜岛上的美军却负隅顽抗，他决定亲自登岛指挥作战。

10月9日，百武带领指挥部人员在瓜岛上岸。

百武再次低估了美军的实力，在对瓜岛的地形还不够了解的情况下，百武就下达了作战命令。

百武下令：炮兵指挥官住吉少将由西面炮击美军沿河构筑的阵地；第2师团丸山中将由南面分兵两路夹击瓜岛机场，一路由川口指挥，一路由那须指挥；飞机和水面军舰全部参战。

10月23日夜，住吉指挥炮兵炮击美军阵地。日军大炮齐鸣，炮弹炸起的泥土掩盖了美军官兵。

12辆日军轻型坦克冲向沙堤，光着膀子，头上缠绕白布条的日本兵端着三八式步枪，高喊着"天皇万岁"，开始进攻。

日军官兵成群地跟在坦克的后边，在狭窄的沙堤上挤成一团。美军的各种武器同时开火，日军不断地毙命。

美军的火炮反击了。炮弹落在坦克的后边，炸得日军官兵无路可逃。

住吉连忙命令日军炮兵压住美军炮火，掩护坦克和步兵。美军在防御阵地上部署了装甲车，其75毫米口径反坦克炮连续击毁3辆日军轻型坦克。从后边冲上来的坦克把被击毁的坦克推到河里。

一辆坦克冒着密集的反坦克炮火冲过沙堤，在美军阵地横冲直撞。日军官兵跟着坦克进入美军阵地，纷纷投出手榴弹，炸死很多美军士兵。

许多日军官兵进入美军阵地。双方展开了肉搏战。

美军发现日军进攻的兵力不足，命令炮火击毁后边的坦克，把后面的日军截住。美军的爆破手用反坦克手雷对付冲进阵地的坦克。

爆破手们冲到日军坦克旁，迅速地把反坦克手雷塞到坦克履带里。

"轰隆"一声,坦克履带炸烂。坦克驾驶员刚爬出坦克,就被击毙了。

美军装甲车不断地发射反坦克炮,美军的火焰喷射器手朝坦克后边的日军喷射火龙。火龙焚烧着四散而逃的日军官兵。

激战5个多小时后,日军伤亡惨重,已经没有招架之力了。

住吉指挥剩下的日军躲进丛林,美军阵地上留下了很多日军官兵的尸体。

24日早晨,百武听说住吉进攻又失败了,暴跳如雷。百武命令当晚马上向"亨德森"机场发动进攻。

下午,瓜岛上空浓云滚滚,大暴雨就要来了。傍晚,空中响起了阵阵雷声。这时,日军所有的大炮都发炮了,密集的炮弹落在美军阵地上。几艘日军驱逐舰也用舰炮轰炸美军阵地。

日军官兵冒着暴雨端着明晃晃的刺刀跳出丛林,高喊着口号,纷纷向美军阵地冲去。

美军轻重机枪手纷纷射出密集的子弹。美军火炮也疯狂地发起炮击,炮弹雨点般落在日军身上,炸死许多日军。

日军毫不畏惧,跟着指挥官继续向前冲锋。成片的日军倒下了,后面的日军继续向前冲。

面对日军的集团冲锋,美军不断地发射照明弹,将日军照得一清二楚。美军机枪和大炮的威力得到了充分的发挥,几乎每颗机枪子弹都能射中日军。

日军仍然发起一次次集团冲锋,通过铁丝网缺口,踏着地上的尸体,迎着枪林弹雨拼命向上冲。

许多美军士兵跳出战壕,抱着冲锋枪猛扫,密集的子弹射向日军。

日军扔出许多颗手榴弹,在美军阵地上炸响,很多日军从美军阵地的缺口处进入。

日军和美军展开了肉搏战,在暴风雨中,双方用刺刀、指挥刀、手榴

第五章 瓜岛争夺战

日军在关岛上的重炮阵地

弹、枪托甚至牙齿拼杀。双方杀得难解难分，双方的火炮都停止了炮击。

日军的后续部队不断地冲上前线，这时，美军的预备队也全部参战了。

美军的装备精良，时间长了，日军很难抵挡，似潮水一般地向山下撤退。

10月25日夜，日军那须少将病了好几天，他用军刀支撑着虚弱的身体，率领日军出发了。

日军集中所有的大炮，轰炸美军的防御阵地。美军都躲到阵地后面，结果日军的炮火准备失去了作用。

美军的大炮向日军的炮兵阵地猛轰，双方开始了炮战，夜空中炮弹乱窜，遍地开花。发动进攻，那须将军也冲向了美军。一颗炮弹在他身边炸响，那须被气浪冲得差点摔倒。旁边的参谋连忙把他扶住。

成群的日军官兵，冒着炮火向前冲锋，口中大喊："美国佬，你们快完蛋啦！"

官兵的狂热振奋了那须，那须举起指挥刀像年轻人一样冲向铁丝网，下令投手榴弹，炸毁铁丝网。

黑暗中，美军的轻重机枪一同开火了，那须少将倒下去了。日军官兵看见将军被打倒，狂呼乱叫地向美军冲去。

经过几次交战，瓜岛美军完全摸透了日军的战术，美军先躲在工事里，等日军的炮火准备过后再跳进战壕，日军不靠近绝不射击。当日军靠近铁丝网，被迫挤在一起时，再扔出手榴弹，轻重机枪同时射击。

美军还组织了狙击手，专门射杀冲在前面的挥舞军刀的日军指挥官。狙击手打死了很多日军指挥官，结果日军群龙无首，很难再发起有效的攻势。

美军击退了日军的6次进攻，日军的第7次进攻攻势更猛，日军攻入美军前沿阵地，美军被迫向后撤退。

美炮兵进行了更加猛烈的炮击，美军刚刚撤出的阵地变成了日军的地狱。

连续两天两夜的厮杀，山岭变成了焦土，丛林变成了山地，日军中队长以下的指挥官全部战死。山地上布满了日军丢弃的军旗和武器。日军伤兵不断地发出痛苦的嚎叫。

11月4日、11日、12日，美军陆续向瓜岛增兵，总兵力达2.9万人。美军运来了很多重炮和坦克等重武器，火力大大增强。岛上的美军航空兵部队实力大增，包括5个飞行中队、4个海军飞行中队和1个陆军飞行中队。

11月6日，日本统帅部组建了陆军第8方面军，包括第17集团军、第18集团军和方面军直辖1个师。日海军派第2舰队、第5舰队和第8舰队主力以及第11航空舰队支援陆军。至11月12日，瓜岛日军的兵力超过了美军1000人，达到3万人。

11月16日，麦克阿瑟的部队在瓜岛成功登陆。麦克阿瑟指挥美军不断地反攻，把日军赶到沿海的狭小地带。

由于后勤补给中断，瓜岛的日军面临被全歼的危险。因为粮弹奇缺，日军官兵虚弱不堪，许多官兵饿死。多种疾病蔓延，许多官兵病死。

12月，瓜岛上的日军主要靠吃青草、树根和蕨类植物为生，再加上各种疾病流行，瓜岛日军官兵奄奄一息，个个都饿得面无人色。

不久，美军在瓜岛上的兵力增至5万，日军只剩下1万多人了。

12月31日，日军统帅部决定：停止夺取瓜岛的作战，秘密撤离。

1943年1月4日，第8方面军要求岛上日军继续抵抗，为撤退作准备。

冈明大佐率领2个营和1个山地炮兵团坚守"岐阜"阵地。在美军的围困下，日军早已弹尽粮绝，饿死的官兵逐日增多。日军像朽木一般堆在一起，暂时还活着的、腐烂生蛆的、化成白骨的，他们同枕共眠，无力行动。勉强能行动的日军饿鬼似的生吃四脚蛇，抢食水苔。

为了保证撤退成功，日军出动 300 架飞机，20 多艘驱逐舰负责掩护。2 月 2 日、4 日、7 日，日军 1.19 万人分三批撤离瓜岛。对于日军的每次撤离，美军都以为是在增兵。

1943 年 2 月 9 日，美军宣布瓜岛战役胜利。

在长达 6 个月的瓜岛地面争夺战中，日本陆军先后投入的兵力达 3.9 万多人，死亡 2.46 万人。盟军参战的地面部队达 6 万人，死亡 1592 人。

山本命丧所罗门

山本之死是对日本海军的沉重打击，其继任者古贺峰一和丰田副武的能力和地位都不如山本，从此日本海军走向了灭亡之路。

瓜岛争夺战惨败后，山本五十六不甘示弱。山本五十六集中了 300 多架飞机，决定采用凌厉的空中攻势，对失去的瓜岛及新几内亚地区的基地发动报复性空袭，以延缓美军的春季攻势。

1943 年 4 月 3 日，山本离开联合舰队的总部特鲁克军港，亲赴腊包尔岛指挥前线作战。

从 4 月 7 日起，日机群空袭瓜岛，威胁所罗门群岛。接着，日机群持续轰炸了新几内亚的莫尔兹比港等地。

连续的骚扰性攻击，对美军造成了损失，但是，日机群的损失大于美军。4 月中旬，山本决心亲赴所罗门群岛北部的日军基地，巡察并鼓舞士气。

日军没有战区制空权，参谋们认为这样做非常危险，都劝山本五十六不要前往。

第五章　瓜岛争夺战

但山本下令："GF长官将于4月18日前往视察巴拉尔岛、肖特兰岛和布因基地……本视察日程往后顺延一天。"

城岛海军少将接到山本的电报，惊呼："司令长官简直不要命了，这分明是发给美军的一份请柬。"

4月13日17时55分，美军设在阿留申群岛荷兰港的监听哨收到了那份"请柬"，马上交给太平洋舰队，情报官罗奇福特立即把这份重要的电报破译出来了。

1943年4月14日下午，罗奇福特向尼米兹递交了一份刚被截获的日本海军电报。这是一份有关山本五十六行踪的情报。

罗奇福特中校是美军的密码破译人才，他主持揭开了"日本海军25号密码"。

后来，罗奇福特又主持揭开了"日本海军25号B型舰队密码"。尼米兹通过情报组，对山本五十六的军事计划了如指掌。

早在1942年春，罗奇福特曾经准确预见到日本海军攻打俾斯麦群岛、

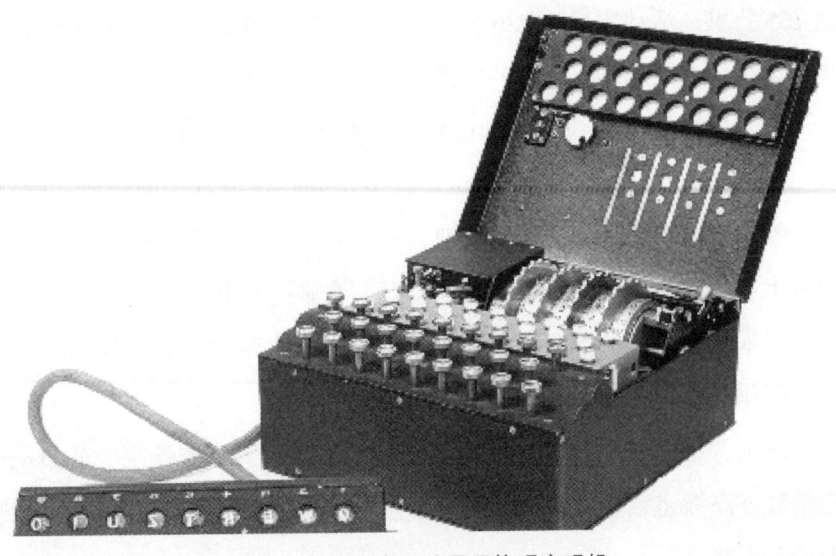

二战时，战场上常用的恩尼格玛密码机

新几内亚、莫尔兹比港、图拉吉岛等地的意图、时间以及兵力部署等情况，为美军战胜日军立下了赫赫战功。

1942年6月，罗奇福特准确提供了关于山本五十六策划日海军联合舰队，攻打美海军中途岛的意图、时间、兵力以及部署等情报，为美军在中途岛海战中重创南云舰队做出了巨大贡献。

现在，尼米兹接过莱顿中校送来的电文，稍一观看，职业本能就让他瞪大了眼睛。那封电报由日本海军东南航空战队总司令发给布干维尔岛驻布因的日本驻军司令。

电报写道："4月18日，联合舰队司令长官将视察……"

尼米兹认真读完电报，走向巨幅军用地图。罗奇福特走上前去补充道："新不列颠岛首府腊包尔距离布干维尔岛首府布因约320公里。"

一会儿，罗奇福特说："美军驻瓜岛的机场距离山本五十六座机第一站目的地布因的距离为500公里。"

尼米兹大声问罗奇福特："我们能不能结果山本五十六？"

罗奇福特说："瓜岛机场驻有最新式双发闪电式战斗机，最高时速高达765公里，活动半径达926公里，升高达12200米，可以到布干维尔岛高空设伏，击毁山本五十六的座机。"

尼米兹说："我是说，伏击日海军总司令，是否光明磊落？"

罗奇福特说："将军，你忘记珍珠港了吗？难道日军偷袭珍珠港就光明正大吗？山本是日本海军的军魂，是日海军战略的主要制定者，干掉山本五十六胜过干掉几艘航空母舰。没有人能够代替山本五十六。"

尼米兹命令有关指挥官拟定出动瓜岛机场的美军战斗机群，伏击山本座机的作战计划。

不久，尼米兹向华盛顿报告。罗斯福总统感到事态严重。战争期间，暗杀敌方高级将领，是要遭到同样报复的。罗斯福就曾差点被德军潜艇发射的鱼雷暗杀。

欧内斯特·约瑟夫·金（中）

当时，美国人信奉骑士风度，认为暗杀是懦弱的行为，因此一直没有暗杀希特勒、墨索里尼，虽然美国间谍遇到过很多次这样的好机会。

罗斯福召集陆海军要员，在午餐会上密商这件大事。

海军部长诺克斯强烈反对："这太不光彩了，我们必须听听主教大人的意见，看看谋杀敌军领导人是否符合基督教的教义。"

陆军部长亨利·史汀生笑道："难道日军偷袭珍珠港，就符合基督教的教义吗？山本五十六既然如此卑鄙，也就丧失了基督教教义的保护。况且，在战场上，敌方司令官和普通士兵都应该消灭掉！"

金上将说："对美国来说，山本是凶神。这次绝不能放过他。"

马歇尔说："山本是美国的心头之患，若我们趁这个机会干掉山本，能够使美军免受更大的损失。"

诺克斯问道："山本的巡视日程好像是精心安排的，这是不是圈套呢？意图将美军的飞机歼灭呢？"

海军情报局负责人扎卡赖亚斯说:"不可能伪造电报,这份电报用的是日军的五位乱数式密码。乱数表是4月1日刚变更的,日本人不会想到我们能够破解这种密码。"

罗斯福说:"那么就干掉这位'老朋友',我们给它起个什么代号呢?"

诺克斯说:"为了报珍珠港一箭之仇,就称它为'复仇者'行动吧!"

罗斯福总统和海军部长诺克斯正式批准了这一计划。

4月15日,尼米兹下令执行伏击山本座机的行动,此次行动的代号为"报复行动"。

1943年4月18日晨,山本五十六按计划登上日本海军轰炸机。参谋长宇垣海军少将及随行人员登上另一架轰炸机。6时整,两架轰炸机起飞,随行护航的6架日军战斗机同时起飞。日军轰炸机时速438公里,活动半径为1288公里,装4挺机关枪。日军战斗机时速564公里,活动半径为1208公里,综合性能居各国空军战斗机之首。

当天早晨7时30分左右,山本的座机在日军战斗机群护航下,到达布干维尔岛上空。突然,8架美式战斗机闪现在日军机群的上空。

所有护航的6架日军战斗机,不等命令下达,全部扑向美军机群,双方上下翻飞,战在一起。两架日军轰炸机,趁机降低高度,贴树梢朝东南方的布因日军机场飞去。

没想到又飞来一群美机,一共9架战斗机,分头朝两架日军轰炸机冲了过来,并连续开炮。很快,一架日军轰炸机中弹起火,栽入丛林中坠毁。另一架轰炸机坠入大海。

美军机群伏击山本的座机成功后,向瓜岛的美军基地发报:"老爹见了黄鼠狼",17架美军战斗机都安全返航了。

4月19日,日军找到了山本座机的残骸。看见山本五十六系着安全带坐在飞行座椅上,手紧握着佩剑,尸体没有血污,山本是被一颗机枪子弹从颌部穿过,穿透太阳穴致死的。

小泽等人在整理山本遗物时，找到一封信，打开一看，原来是山本生前所写的遗书。上面写道：

"开战以来，有几万忠勇将士浴血疆场，已成护国之神。吾有何颜去晋见天皇？又有何言以告慰牺牲之战友们的父老兄弟？虽身非铁石，但欲示日本男儿之满腔热血。我虽不能似血气方刚之青年那样与敌军决一死战，但随将士英灵而去之日，也不远矣……"

山本五十六死亡的消息传来，日军统率部各要员似五雷轰顶，惊得说不出话来。他们都知道"名将之花"的凋谢，对民心军心及士气是何等沉重的打击！为了避免引起恐慌，关于山本五十六的死讯严格保密。

美国为了保守破译日军密码的秘密，也不敢宣传。为了欺骗日本人，尼米兹上将命令美航空兵部队，多次在伏击山本五十六的上空巡逻，使日本人误以为山本的死纯属偶然。直到战后，美国才公布了这一事件的真实经过。

5月21日，山本的骨灰用"武藏"号战列舰运回日本。东京广播电台的播音员用悲痛的语调说："联合舰队司令长官山本五十六海军大将，于今年4月与敌军遭遇，在飞机上以身殉国。"

山本的妻子礼子和4个子女替他守灵。礼子心中太凄惨了，因为山本一直与她同床异梦，移情别恋。突然，从外面跑进一个浑身缟素的漂亮女人，扑在灵柩前痛哭。原来她是山本的情妇千代子。长子山本义正知道父母不和的原因，气得握紧了拳头，被旁人抱住。不久，有人把千代子送回家。

第二天清晨，千代子在家中自杀。6月5日，日本为山本举行了国葬，在葬礼上，有很多人为他自杀殉葬。

自明治维新以后，天皇只批准了12次国葬，为庶民出身的人举行的国葬，除了山本所崇拜的偶像东乡平八郎外，就是山本自己了。

山本的遇难，对日本国民的士气造成了重大影响。山本之死是对日本海军的沉重打击，其继任者古贺峰一和丰田副武的能力和地位都不如山本，从此日本海军走向了灭亡之路。

而美国通过瓜岛战役，改变了不利的战略态势，赢得了战略主动权，为即将开始的战略反攻打下了基础。

第六章
收缩"绝对国防圈"

"确保要域"的新战略

1943年5月16日,古贺峰一上将出任联合舰队司令官。古贺峰一立即下达了迎击作战的战略思想,其方针为,不管在东南太平洋,还是在中部太平洋海域,都必须全力对付美军的进攻,要抓住最佳战机,果断地发动舰队决战。

日本统帅部于1943年3月25日制定了《东亚战争第三阶段作战帝国海军的作战方针》《联合舰队司令长官的作战方针》。

日本统帅部要求沿太平洋的阿留申群岛、威克岛、马绍尔群岛、吉尔伯特群岛、瑙鲁岛、大洋岛、俾斯麦群岛、帝汶岛、爪哇岛、苏门答腊岛、尼科巴群岛和安达曼群岛一带建立"绝对国防圈",特别要坚守东南亚、千岛群岛、马里亚纳群岛、加罗林群岛等地。

由于太平洋战争对日本的形势不利,日军不得不转入"确保要域"的战略防御,就是在西南方向以腊包尔为中心在俾斯麦群岛构筑一条防御圈,对防御圈两侧的前沿阵地布干维尔岛、肖特兰岛和新乔治亚群岛,还有马绍尔群岛、吉尔伯特群岛,等等,都要做出最大努力,一定要守住领地,一定要顶住盟军的庞大攻势。

坚守这么多分散又各自孤立的岛屿很难,不过是日军吸取了从美军进行战略反攻所罗门群岛以来的一些经验和教训,发现原先采用的"只需配备一些航空兵部队和一些陆军、海军部队,就能够守住这些分散的岛屿"的战略方针是不对的,是没有从实际出发的。

这些独立的岛屿的实际防御能力要比日本海军所估计的要薄弱很多,只靠基地航空兵连维持岛上的制空权都很难。因此,为了建立"绝对国防圈"，日本海军制定了新的战略方针，也就是加强各个岛屿的地面部队，以岛屿基地群为基础，用陆军进行时间长而有效的防御抵抗，并且把航空和海上兵力集结起来，从而发动有利于日本海军的海上决战，更有效地保卫岛屿。

在《东亚战争第三阶段作战帝国海军的作战方针》和《联合舰队司令长官的作战方针》中，日本统率部再次重申了这一战略方针："应立即加强战略要地的地面防御，盟军如果来攻打，就在海军和航空部队的支援下先发制人地击败盟军。"

日本统率部指出："把航空母舰的主力部队派遣在太平洋上，把它的部分兵力适当用在西南海域，伺机出动，随时准备机动作战，并且使航空母舰兵力的集中和分散做得十分巧妙，十分机动，用迎击作战方针歼灭美舰队。"

因此，日军统率部下令把守卫所罗门群岛和俾斯麦群岛的重大任务交给陆军第8方面军和海军联合舰队，并要求向新几内亚和所罗门群岛大力

日本联合舰队巡洋舰编队

增援航空兵部队，立即兴建机场，同时攻击盟军的机场。

1943年5月16日，古贺峰一上将出任联合舰队司令官。古贺峰一立即下达了迎击作战的战略思想，其方针为，不管在东南太平洋，还是在中部太平洋海域，都必须全力对付美军的进攻，要抓住最佳战机，果断地发动舰队决战。古贺峰一制定的行动要领是："若盟军向东南太平洋进攻，要派前进部队（第2舰队）用一定的兵力去增援东南太平洋海域的舰队，同时派先遣部队（第6舰队）努力支援东南太平洋海域的舰队作战。

古贺峰一要求东南方面舰队的司令长官指挥东南太平洋海域的舰队决战。如果盟军向中部太平洋海域——马绍尔群岛、吉尔伯特群岛、瑙鲁岛和大洋岛海域进攻，那么由前进部队指挥官指挥中部太平洋所在的部队（第4舰队）和先遣部队，一定要发动舰队作战，全力进攻。这时，东南方面舰队应该派出一定的兵力，主要以航空兵部队为主进行空中支援。"

日军按照古贺峰一的作战方针，自1943年初起，不断地向吉尔伯特群岛、马绍尔群岛及瑙鲁、大洋、马金、塔拉瓦、南鸟、威克、布干维尔等岛屿增调海军和陆军兵力。

而且，为了更好地防御盟军的大规模轰炸和舰炮的强大火力，日军决心使岛屿变成要塞，在许多重要的有利地点修筑20厘米以下火炮的炮台，设置很多高射炮，于1943年8月至9月之间基本上设置完成。

还有，日军在塔拉瓦岛、瑙鲁岛、马绍尔群岛等地新修建了很多陆基机场，至1943年3月底都已经完工了。

盟军方面，1943年1月，美国和英国联合参谋长会议在卡萨布兰卡举行，最后会议规定，在对德国作战不受任何影响的大前提下，太平洋作战除了应该完全收复新几内亚岛和所罗门群岛外，还要占领阿留申群岛，再进攻日军控制的加罗林和马绍尔群岛。

卡萨布兰卡会议命令美国参谋长联席会议负责指挥太平洋海域的所有军事行动。

第六章 收缩"绝对国防圈"

在太平洋战场上发动大规模的反攻，盟军共有两条有利的路线能够选择，一条是顺着西南太平洋方向，由新几内亚岛到菲律宾群岛进行反攻；另一条是经过中太平洋，由珍珠港朝西进攻。

自1942年12月起，在大反攻的两条路线的问题上，美太平洋军队的内部产生了巨大的分歧。

以美国海军总司令金上将和尼米兹为首的盟国海军主张从中太平洋的珍珠港发起大反攻。他们宣传说，中太平洋海域的很多日占岛屿将日本与东南亚、中国台湾和琉球群岛有机地连在一起，占领后，盟军能够插入日本"大东亚帝国"，将日本帝国割切，切断日本帝国的原材料、食品和燃料的运输线。

再有，新几内亚岛周围海域十分狭窄，不利于海军作战，而中太平洋海域有利于盟军出动舰身庞大且数量越来越多的航空母舰，有利于实现盟军的新战略计划，那就是出动航空母舰特混部队分割和围困日本帝国的一系列岛屿。

但以麦克阿瑟为首的盟国陆军却主张顺着西南太平洋路线一路进行大反攻。麦克阿瑟解释说，取得胜利的最快办法是，占领日军刚刚攻占的南方土地，那里才是日本维持战争所必需的原材料供应地。而选择中太平洋路线容易受到被日军攻占的一系列岛屿的袭击。

1943年3月28日，美国参谋长联席会议又举行了会谈，对两派的意见进行了协调，取缔了1942年7月2日规定的攻打腊包尔的计划。太平洋战场上陆海军的作战目标是：第一，在基里维纳群岛和伍德拉克岛修建机场；第二，占领莱城、萨拉马瓦、芬什港、马当、新不列颠岛西部；第三，完全收复所罗门群岛。其实，这些作战任务与卡萨布兰卡会议规定的任务相同，只不过这次会议增加了新任务：准备"最后攻占俾斯麦群岛"。

3月29日，参谋长联席会议向太平洋陆海军指挥官正式下达了这个作战目标，并且划分了作战的指挥权。海军上将尼米兹担任总指挥的太平洋作战区分成各有指挥部的3大区域：北太平洋地区，由海军少将金凯德指挥；中太平洋地区，由海军上将尼米兹指挥；南太平洋地区，由海军上将哈尔西指挥。西南太平洋作战区的盟军指挥部由麦克阿瑟指挥。

太平洋地区的几支主要的海军舰队分别是：

美军第5舰队，以珍珠港为基地的中太平洋部队，指挥官为斯普鲁恩斯上将，其两栖编队又称第5两栖编队。

美军第3舰队，就是南太平洋部队，由哈尔西指挥。其两栖作战部队又称第3两栖编队。

美军第7舰队，一支规模不大的西南太平洋海军部队，由金凯德指挥。其两栖作战舰艇和支援舰只又称第7两栖作战部队。第7舰队划归麦克阿瑟统一指挥。

两派的意见经过协调达成了一致，盟军在太平洋战区采取两翼夹击，就是顺着两条路线展开反攻：麦克阿瑟指挥西南太平洋部队从东向西反

麦克阿瑟、罗斯福、尼米兹（从左到右）合影

攻，攻占菲律宾群岛，并进行登陆作战，攻占香港；尼米兹指挥中太平洋部队，由从珍珠港启航，朝西进攻，经过马绍尔群岛、加罗林群岛和台湾岛到达香港。

当时的英国无法抽出兵力来支援太平洋战场的大反攻。在1943年，美军在加拿大、新西兰和澳大利亚等国提供的兵力援助下，从三个方向发动了反攻：

北太平洋方向的反攻——由北太平洋部队负责将日军赶出阿留申群岛。

中太平洋方向是主攻方向——由中太平洋部队负责由珍珠港向西进攻，占领吉尔伯特群岛。

南太平洋方向的反攻——南太平洋部队和西南太平洋部队相互支援，共同攻打腊包尔，再由西南太平洋部队从新几内亚岛的北海岸朝西反攻。

依据参谋长联席会议的规定，自1943年5月起，盟军在太平洋战场依次从北、南、西南和中部等方向发动一些局部反攻。但发动的攻势受到很大的阻力，因为参谋长联席会议把反攻的重点放到了中太平洋方向，优先保障中太平洋战场的人力和物力，大大地忽略了北太平洋战场和南太平洋战场。

秘密撤离阿留申群岛

天亮后，盟军登陆部队乘坐坦克登陆舰、步兵登陆艇等继续登陆。盟军冲上岛后发现岛上已经没有人了，许多设施被摧毁了。

属于北太平洋阿留申群岛的阿图岛和基斯卡岛位于西北端，于1942年6月上旬中途岛海战期间被日军攻占。后来，在长达一年的时间里，美军出动飞机、潜艇和战舰多次攻击阿图岛和基斯卡岛。

1942年第四季度，美军在阿图岛和基斯卡岛附近的阿达克岛和阿姆奇特卡岛登陆，建立了机场，割断了日军向基斯卡岛供应给养的海上运输线。

从1943年2月中旬起，美军派巡洋舰和驱逐舰舰队在阿图岛的西南海域巡弋，多次攻击日军的海上交通线。3月26日，美军编队在苏联科曼多尔群岛以南的海域，和驶往阿留申群岛的日军护航运输舰队进行了激烈的海战，此次海战称为"阿图岛海战"，这次海战完全割断了日军利用运输舰队向阿图岛和基斯卡岛输送补给的海上交通线。阿图岛与基斯卡岛的日军被美军完全围困了。

虽然这些岛屿的价值很小，但美军仍要攻打阿留申群岛，因为美军不想让日军占领阿留申群岛。美英联合参谋长会议也想占领阿留申群岛，为了协助日后苏联对日本作战，盟军在阿留申群岛扩建航空中转基地，开通西伯利亚的航线。

因为可能动用的兵力和舰艇很少，美军先绕过了基斯卡岛，以少量的兵力进攻防守薄弱的阿图岛。阿图岛是基斯卡岛守军的供应基地，防守的日军只有2600人，还不到基斯卡岛的一半，连岸防工事和防空大炮都很少。阿图岛战役由美军阿留申地区司令官金凯德指挥，他调来263架飞机进行轰炸。

1943年5月11日，美军步兵第7师，分乘5艘运输舰，在3艘战列舰、6艘巡洋舰、19艘驱逐舰、1艘航空母舰的护航下，美小分队1000人在阿图岛北部的霍尔茨湾海滩登陆，另一支小分队2000人在阿图岛南部的马萨科勒湾海滩登陆。

阿图岛守备队队长山崎保代大佐率部在山谷中守了两个星期，已经断粮了。阿图岛属于亚寒带，除了苔藓以外，寸草不生。

山崎见援兵总不赶到，决心死守。山崎召集众小队长说："今天我们已经陷入绝境,只有战死,才能让美国人瞧得起,实现效忠天皇的誓言。你们意下如何?"

众小队长大喊:"我们与长官同生死!"

这时,两支美军向岛上的日军形成夹攻之势,美军还用舰炮和航空兵的火力进行大规模轰炸。

山崎指挥2000多日军据守山口,凭借隐藏的火力点和简单的防御工事组织抵抗。后来,美军出动了第7师的全部兵力1.1万人,仍没有获胜。寡不敌众的日军被迫退守北部海岸的一个高地。

5月29日深夜,山崎率仅剩的千余日军由一个旧城堡中钻出,向美军阵地发动疯狂反攻。日本官兵大喊着:"日本人喝血如饮酒",越过了美军的前哨,炸毁了一所美军野战医院和军需补给仓库。

阿图岛激战后的战场

惊醒后的美军向日军发起强大的火力压制，日军官兵纷纷倒地。绝望的日军官兵见无法突围，纷纷以各种方式自杀。

30日清晨，美军占领了阿图岛。阿图岛一战，美军死亡1000人。

日军早已密切监视着美军，正准备从珍珠港、新几内亚、所罗门三个方向发起攻势，没有多少的兵力去支援阿留申群岛的日军。日军失去阿图岛后，统帅部决定撤离难以防守的基斯卡岛，下令对撤退必须绝对保密，依靠浓雾天气的掩护，派潜艇部队撤出所有的部队。

基斯卡岛的日军兵力为5639人，包括3210名海军部队官兵。自5月27日至6月21日，日军共派出潜艇18艘次，偷偷地撤走了820名日军。

美军出动了巡逻舰艇封锁基斯卡岛，日军被迫改用大型舰艇。7月29日夜，日军出动19艘大型舰艇偷偷撤走了剩下的所有人员，并在撤退前炸毁了一些岛上的军事设施。

在占领阿图岛后，美军积极为攻占基斯卡岛做准备。美军吸取了阿图岛战役的血的教训：对日军的防御工事火力打击不充足，美军士兵缺乏训练，装备不适应岛上作战，等等。

从8月2日至8月15日，也就是登陆以前的两个星期内，美军向基斯卡岛发动了106次大规模轰炸和15次舰炮的猛烈打击，将岛上的军事设施几乎全都摧毁了。

在阿留申群岛南部的阿达克岛上，美军出动了2.9万名美军官兵和5300名加拿大官兵，配备了适合岛上作战的装备，不断地进行登陆作战演习和穿越沼泽地的军事训练。

8月13日，在近百艘军舰的掩护下，由大量运输船组成的输送队从阿达克岛出发。15日拂晓以前，负责舰炮掩护的舰只到达基斯卡岛海域，向基斯卡岛的主要岸防阵地发动了大规模的炮击。

天亮后，盟军登陆部队乘坐坦克登陆舰、步兵登陆艇等继续登陆。盟军冲上岛后发现岛上已经没有人了，许多设施被摧毁了。

美军占领了阿留申群岛，解除了北太平洋海域正面日军的强大威胁，使日本的千岛群岛和北部地区完全暴露在美国海、空军的面前。美军占领了阿留申群岛为日后美军在反攻中牵制日本北方军创造了条件。经过阿留申群岛战役，日军的北太平洋地区的"绝对国防圈"被迫向千岛群岛转移。

新乔治亚群岛的激战

9月29日，在日军海空军的掩护下，科隆班加拉岛的日军分批撤到布干维尔岛。10月9日，盟军占领了新乔治亚群岛。

盟军在南太平洋地区反攻时的主要任务，就是摧毁日军的俾斯麦群岛防线，攻占俾斯麦群岛的日军基地腊包尔。

由于人力和物力的极大限制，美国参谋长联席会议计划在1943年只对腊包尔形成包围。并决定由南太平洋地区的部队和西南太平洋地区部队，在两条路线上同时进攻来完成这一重任。

1943年初，盟军在南太平洋地区和西南太平洋地区部署了陆军14个师，包括3个澳大利亚师，1个新西兰师。还有2个美国师正在朝这两个地区增援，另外8个澳大利亚师正在进行紧张的训练。这两个地区的盟军装备了约2800架飞机。

参照美国参谋长联席会议1943年3月底规定的作战任务，南太平洋部队的作战任务是从所罗门群岛向北进发，攻占布干维尔岛，在布干维尔岛建立机场，以保障轰炸机在战斗机的护航下对腊包尔发动大规模的轰炸。

因此，南太平洋部队一定要拿下进攻路线的要地——中所罗门群岛，使日军无法以中所罗门群岛为屏障，从而使盟军的轰炸机和战斗机的作战半径向前延伸，以早日实现下一阶段的作战任务。同时，这样做能够支援西南太平洋部队，由两侧对腊包尔形成包围之势。

南太平洋战区（司令哈尔西）与西南太平洋战区（司令麦克阿瑟）的分界线，在瓜岛的西面。在执行进攻中所罗门群岛的第二阶段任务时，南太平洋部队将在西南太平洋战区的范围内战斗。根据参谋长联席会议的规定，攻打所罗门群岛的作战由西南太平洋司令麦克阿瑟统一指挥。

4月底，麦克阿瑟与哈尔西经过激烈的争论，终于达成了一致，制定了作战计划，准备对腊包尔发动向心进攻。具体作战计划为：哈尔西的部队从所罗门群岛发起进攻，麦克阿瑟的部队从新几内亚东海岸向新不列颠的西南部发动进攻。

盟军发动进攻的主要目标是新乔治亚岛、伍德拉克岛以及基里维纳岛。在新乔治亚岛、伍德拉克岛和基里维纳岛建立机场后，西南太平洋与

美军一架B-25轰炸机在攻击日军占据的腊包尔新英格兰港

南太平洋的部队将一同作战，向西进攻新不列颠岛，再向东进攻布干维尔，破坏腊包尔日军的海上和空中运输线，解除腊包尔日军对日后西进菲律宾的盟军的威胁。

新乔治亚群岛在所罗门群岛的中部，与瓜岛相距110海里，是南太平洋日军的海空军基地。新乔治亚群岛一旦失守，新不列颠岛和北所罗门群岛的日军就完全暴露了。

所罗门群岛的重要岛屿新乔治亚岛上的机场和科隆班加拉岛上的机场，是日军在所罗门群岛的主要航空基地。瓜岛海战失败后，日军不甘示弱，加紧在新乔治亚群岛修筑机场并且增调部队，准备阻止美军向俾斯麦群岛推进，更好地巩固日本在南太平洋地区的"绝对国防圈"。

新乔治亚群岛的日军有2个步兵团和1个海军警备旅，兵力为1.1万多人，主要分布在科隆班加拉岛（4000人）和蒙达机场（4500人）。岛上日军装备了150架飞机、17艘舰船。

为了使新乔治亚群岛战役获得成功，美军集结了4个步兵师和2个海军陆战师，兵力为3.3万多人。海军部队拥有46艘舰艇、530架飞机。

为了掩护登陆部队的训练，同时加强登陆时的空中和海上打击能力，2月21日，美军第43师占领了拉塞尔群岛中的巴尼卡岛和帕武武岛，在岛上建立了机场、雷达站和码头。

1943年1月至6月，盟军多次出动飞机和舰艇轰炸日军的蒙达机场和韦拉机场，还出动7艘潜艇在赤道附近巡逻，割断日军特鲁克基地与新不列颠岛和所罗门群岛的海上交通线。盟军还在北所罗门群岛海域布设了大量水雷。

通过半年的艰苦训练，美军的战斗力得到了极大的提高。1943年6月21日和22日，美军出动2个营先后在新乔治亚岛东南端的谢基角一带偷偷登陆，计划从陆上绕到维鲁港，向新乔治亚岛发起进攻。

6月29日，美军登陆部队的主力从瓜岛启航，向新乔治亚岛扑去。

美军准备分三个地点登陆，主要的登陆点是在伦多瓦岛的西海岸。

伦多瓦岛距离新乔治亚岛只有5海里，岛上的火炮能够炮轰蒙达机场。美军计划先占领伦多瓦岛，再从伦多瓦岛渡过海峡在新乔治亚岛登陆，攻占蒙达机场。接着，另一支小部队在距离蒙达16公里的新乔治亚群岛北岸登陆，割断日军的海上补养线。

同时，在新乔治亚群岛南部还有三个辅助性登陆地点。

6月30日，美军第3两栖作战部队的6000名陆军和海军陆战队在伦多瓦岛登陆，消灭了120名守岛日军。同一天，美军的其他登陆也成功了。

7月3日，美军1个多团的官兵在新乔治亚岛的蒙达机场以东约10公里处的海滩成功登陆，没有遇到抵抗。7月5日，美军2个步兵团和陆战团的兵力在赖斯湾成功登陆，对蒙达机场构成了威胁。

为了守住新乔治亚岛，日军从腊包尔岛和布干维尔岛抽调了4个步兵营共4000人，利用夜幕的掩护由驱逐舰送上新乔治亚岛。

7月5日夜，日军出动的4艘驱逐舰与盟军的巡洋舰、驱逐舰遭遇，被迫返航。当夜，日军又出动10艘驱逐舰，运送2000人。在库拉湾，这10艘驱逐舰队与盟军的3艘轻型巡洋舰、4艘驱逐舰发生激战。

日舰队击沉盟军1艘轻型巡洋舰，日军1艘驱逐舰也被击沉，日军另有1艘驱逐舰被迫搁浅。结果，仅有900名日军在维拉成功登陆。

7月12日夜，日军出动1艘巡洋舰和5艘驱逐舰为4艘运兵的驱逐舰护航，朝新乔治亚岛的科隆班加拉岛驶去。在科隆班加拉岛东北附近海域，日运输舰队与盟军海军编队发生激战。日1艘巡洋舰被击沉，舰队司令官和482名官兵沉入太平洋。盟军也有1艘驱逐舰被击沉，3艘轻型巡洋舰受伤，2艘驱逐舰受伤。

渡过伦多瓦岛的海峡，在新乔治亚岛登陆的美国登陆部队因为没有作战经验，在岛上的丛林中向蒙达机场的进攻很迟缓。

哈尔西为了防止新乔治亚岛战役变成另一场瓜岛之战，马上撤换了登陆部队的指挥官，向岛上增援了1个半师的兵力，命令海军和空军发动大规模的炮击和空袭。

7月25日，经过准备后的美陆军再次发动攻势。8月1日，美军先头部队经过长途跋涉来到机场边缘。经过4天的激战，8月5日，美军占领蒙达机场。大部分日军退守北边的科隆班加拉岛。

8月6日夜，日军的增援部队8个连，共1200人，分乘4艘驱逐舰到达韦拉湾，被美军6艘驱逐舰伏击。日军3艘驱逐舰被鱼雷击沉，900名日军葬身太平洋。另1艘驱逐舰逃往维拉拉维拉岛。这次偷渡是日军最后一次向中部所罗门群岛进行的增援和补给。

哈尔西下令，不给日军以拼死一战的机会，封锁有10万多名日军的

向科隆班加拉岛撤退的日军

科隆班加拉岛。同时，攻占面积大但只有250名日军的维拉拉维拉岛，并在维拉拉维拉岛建立机场。维拉拉维拉岛与所罗门群岛最北部的布干维尔岛的距离仅为160公里。

日军从新乔治亚退守科隆班加拉岛后，即日夜抢修工事，准备与登陆美军大战一场，以雪前耻。

8月15日，美军在维拉拉维拉岛登陆。27日，美军在阿伦德尔岛登陆。

日军在科隆班加拉岛上久等美军不至，正心中犯疑，忽闻美军占领了维拉拉维拉岛，不禁大惊。这时，科隆班加拉岛陷入了孤立。

9月15日，日本统率部命令东南支队放弃科隆班加拉岛，向布干维尔岛撤退。

9月29日，在日军海空军的掩护下，科隆班加拉岛的日军分批撤到布干维尔岛。10月9日，盟军占领了新乔治亚群岛。

在长达3个多月的新乔治亚群岛战役中，盟军付出了伤亡5000多人的代价，损失8艘舰只、141架飞机。日军伤亡2500人，损失19艘舰只、700多架飞机。新乔治亚岛战役结束了，美军的反攻仍未停止。

退守布干维尔岛。

11月6日，日军一个步兵营500人在托罗基纳角附近发动反登陆。11月7日，日军驻守布干维尔岛的一个团，为了支援反登陆发动了进攻。发动反登陆的日军伤亡377人，日军步兵第23团激战3天后，全军覆灭。

日军退守布干维尔岛后，日军参谋部总长杉山召集众参谋商讨应敌之策。

杉山问："我军在新几内亚岛兵力为一个集团军，为何还守不住？"

作战部长绫部橘树回答："我军在那里已丧失制空权。本来新几内亚地区有第6、第7两个陆军航空师，但8月17日，数百架美机群突然轰炸了威瓦克、布图机场，100多架飞机被毁。尽管国内飞机制造厂加班加点，但敌我航空力量的悬殊早已成定局了。"

布干维尔岛地处所罗门群岛的最北端，是所罗门群岛中最大的岛。日军从新乔治亚群岛撤离后，加强了布干维尔岛的防御力量，就是由7月下旬起不断地向布干维尔岛增兵。

当盟军在布干维尔岛登陆时，守卫布干维尔岛的日军主要由陆军第17集团军第6师和海军第8舰队组成，兵力为4.1万人，主要配置在布干维尔岛南部的布因和卡希利地区，以及附近的肖特兰群岛，一部分兵力配置在北部的布喀岛和博尼斯地区。

盟军在布干维尔岛登陆的主要目标是，在布干维尔岛修建机场，对腊包尔发动连续的空袭。盟军的作战计划为，绕过布干维尔岛的南部要地，在西海岸中部日军兵力少的奥古斯塔皇后湾登陆。登陆后，在奥古斯塔皇后湾建立纵深阵地，并修建机场。

日军若想组织反攻，必须越过群山连绵的山区，穿过原始森林以后才能到达奥古斯塔皇后湾。盟军的登陆部队约有3.4万人，由范德格里夫特将军率领。支援此次登陆作战的海军部队是第39特混编队和1个航空母舰特混大队。

1943年10月12日，美军第5航空队派349架飞机对腊包尔发动了大规模空袭。同时，美军驻所罗门群岛的航空队对布干维尔岛和附近岛屿的日军机场发动了大规模空袭。

10月27日，盟军新西兰第3师的1个旅在特里热里群岛的莫诺岛和斯特林岛成功登陆，莫诺岛和斯特林岛可以用作小型舰艇的中转站。夜里，美海军陆战队1个伞兵营在舒瓦瑟尔岛空降，以吸引日军的注意力。

1943年11月1日午夜，盟军海军第39特混编队对布喀岛和博尼斯的机场和肖特兰岛发动了长时间的炮击，吸引日军的注意力。

接着，盟军登陆运输队于11月2日凌晨到达奥古斯塔皇后湾，把美军输送上陆。200多名日军在滩头抵抗，驻腊包尔的日军航空兵部队飞来支援。

几个小时后，盟军建立了巩固的滩头阵地。当天傍晚，已经有1.4万名盟军和6000吨物资上岸了。

得知盟军登陆的消息后，日军第8舰队连忙调集2艘重型巡洋舰、2艘轻型巡洋舰、6艘驱逐舰从腊包尔出发，于11月2日凌晨到达托罗基纳角附近海面，准备消灭盟军的运输船只。

美海军第39特混编队立即前去迎战，2时27分，第39特混编队分出4艘巡洋舰为1个大队，8艘驱逐舰编为2个大队，巡洋舰大队在奥古斯塔皇后湾的入口处进行封锁，1个驱逐舰大队进攻北面的日舰队，1个驱逐舰大队进攻南面的日军舰队。

经过3个小时的海战，盟军击沉日军1艘轻型巡洋舰和1艘驱逐舰。

为了轰炸盟军，日军出动370架飞机，发动轮番空袭，但战果不大。同时，日军第8方面军要求第17集团军，坚决把登陆的盟军击溃。第8

两名抢滩成功的美军士兵手中举着美国国旗

方面军从第17师主力中调来1个步兵团,作为机动部队,在盟军登陆地点发动反登陆,以牵制盟军的兵力。

11月6日,日军1个步兵营500人在托罗基纳角附近发动反登陆战。11月7日,驻守布干维尔岛的一个团的日军,为了支援反登陆发动了进攻。发动反登陆的日军伤亡377人,日军步兵第23团激战3天后,全军覆灭。

日军失去了反登陆的最好时机,开始监视盟军在布干维尔岛以外的岛屿的登陆行动。

日军第8方面军认为,在布干维尔岛登陆的盟军,必将进攻最北端的布喀岛。因此,日军第8方面军计划派驱逐舰把920名援兵运往布喀岛,同时撤出布喀岛的700名老弱官兵。

11月24日夜晚,日军3艘运兵驱逐舰,在2艘驱逐舰的护卫下,从腊包尔向布喀岛驶去。盟军的5艘驱逐舰奉命去偷袭日军在腊包尔至布喀岛之间的新防线。

11月25日凌晨1时,盟军驱逐舰队驶入圣乔治角附近海域。日舰队卸完援兵后向腊包尔驶去,这时也进入圣乔治角附近海域。

盟军驱逐舰队首先发现了日舰,用鱼雷击沉2艘护航驱逐舰,再去进攻另外3艘满载700名老弱官兵的驱逐舰。日驱逐舰看到盟军舰队后,马上撤退。

盟军舰队紧追不舍,日军1艘驱逐舰被击沉,300名日军葬身海底。其他2艘日舰逃回了腊包尔。

1943年年底,盟军在布干维尔的登陆场进一步扩大,将日军压缩在56平方公里的范围内。岛上盟军的兵力为3.4万人,补给物资为2.3万吨。盟军在登陆场修建了1个机场。这个机场距离腊包尔220海里,使包括腊包尔在内的俾斯麦群岛都处于盟军飞机的作战半径之内。结果,布干维尔岛的日军已经被围困,还使腊包尔的左侧完全暴露了。

日军败走莱城

1943年9月，在盟军反攻势如破竹、日军不断败退的情况下，日军统帅部终于发现，若想改变日军节节败退的不利状况，必须收缩半圆形的"绝对国防圈"。

1943年立夏，美国参谋长联席会议规定了反攻计划：在南太平洋部队从瓜岛发动进攻的同时，西南太平洋部队由巴布亚发动进攻，首先攻占萨拉马瓦和莱城，肃清休恩半岛的日军；攻占新不列颠岛；接着，向西北进军，占领新几内亚西部地区，为向西进军菲律宾打开通路。

麦克阿瑟要求克鲁格尔指挥美军陆军部队攻占巴布亚半岛的伍德拉克岛和基里维纳岛，并马上在伍德拉克岛和基里维纳岛建立机场。麦克阿瑟下达给赫林指挥新几内亚部队的主要任务是，占领休恩半岛的莱城，再攻占休恩半岛东部的芬什港，顺着海岸线朝北进攻马当地区。攻占休恩半岛后，向东攻打新不列颠岛。

为了吸引日军的注意力，新几内亚部队决定首先对萨拉马瓦发动佯攻。麦克阿瑟要求采用空降、地面进攻和海上登陆三管齐下的战术，以减少人员的伤亡。

盟军在第7舰队的掩护下，于1943年6月30日凌晨，在萨拉马瓦、伍德拉克岛和基里维纳岛登陆。克鲁格尔指挥美军登陆部队，未发一枪就抢占了伍德拉克岛和基里维纳岛。美军马上修建跑道，建立机场。

在纳索湾登陆的新几内亚部队登陆后，兵分两路朝萨拉马瓦逼近。驻守莱城和萨拉马瓦的日军共1万人，但有40%以上是伤员，早已弹尽粮绝，被盟军孤立起来了。

第六章 收缩"绝对国防圈"

不过，日军仍组织力量抵抗。新几内亚部队向萨拉马瓦的日军发动持续进攻使日军疲惫不堪。为美军攻打莱城和休恩半岛的准备工作提供了宝贵的时间。

同时，盟军飞机由伍德拉克和基里维纳机场启程，在俾斯麦群岛海面上空进行巡逻，击沉了150多艘日军用来向莱城、萨拉马瓦和芬什港增援补给的运输船。

在盟军飞机的疯狂轰炸下，日军无法从海上增派援军和补给品。日军被迫从莱城抽调部队由陆路支援萨拉马瓦，结果莱城驻军减少了。

8月17日，盟军为了完全掌握制空权，出动航空队对日军设在新几内亚的韦瓦克机场发动大规模空袭，把机场上的200架日机击毁。结果，日军位于新几内亚群岛的航空兵部队被全歼。

1943年9月，在盟军反攻势如破竹、日军不断败退的情况下，日军统率部终于发现，若想改变日军节节败退的不利状况，必须收缩半圆形的"绝对国防圈"。

9月30日，日本御前会议通过了《今后应采取的战争指导大纲》，规定日本必须建立新的"绝对国防圈"，"绝对国防圈"环绕缅甸、马来半岛、苏门答腊、爪哇、新几内亚岛西部、加罗林群岛、马里亚纳群岛、千岛群岛。

日本御前会议的新决定，表示新几内亚岛群岛的大部分、俾斯麦群岛全部、所罗门群岛、吉尔伯特群岛和马绍尔群岛都不在"绝对国防圈"之内。日军希望集中力量把"绝对国防圈"建成牢不可破的防线。

莱城曾经是一座强大的堡垒，经过盟军空军长时间的空袭以后，已经变成摇摇欲坠的孤城了。日军被迫从新不列颠群岛的腊包尔派出少得可怜的飞机，进行远距离的空中支援。

9月4日，澳大利亚第9师的2个旅、美军第41师的一部，共8000多人在浓雾的掩护下靠上了莱城以东20英里的海滩。这些不久前还在北非沙漠中打败了德军的老兵，这回是为了自己的祖国而战，更是满怀激情，斗志昂扬。他们还未等登陆艇减速，就跳进了齐胸深的海水中，勇敢地向日军设在海滩的阵地猛扑过去。

当天午后，澳军第9师就突破了日军的滩头阵地，由东向西直抵莱城日军要塞。

9月5日拂晓，美军西南太平洋战区空军的300多架飞机，压向莱城的纳德扎布机场。第二次世界大战中太平洋战场的第一次大规模空降作战开始了。

执行这次空降作战任务的，是刚从美国到达澳大利亚的第503空降团。由于第503空降团几乎都是由新兵组成的，再加上是头一次参加战斗，部队的士气至关重要。

为了使精心组织的空降作战取得最佳效果，麦克阿瑟曾经在莫尔兹

美军涉水登滩

比港的机场检阅过第 503 空降团。麦克阿瑟发现在很多士兵中，存在着胆怯感。

麦克阿瑟认为，这是合情合理的一种现象，第一次上战场，谁都会有害怕的感觉。长期的指挥经验使他相信，若他能与他们一起去迎接挑战，会使年轻的伞兵们更能得到心里慰藉。

麦克阿瑟想与伞兵部队一起到天上去，在飞机上指挥盟军攻打莱城。当麦克阿瑟向参谋们提出这个想法时，立即遭到了人们的强烈反对。一个 60 多岁的老头，怎么能像年轻人一样冲动呢？

可是，麦克阿瑟下达了命令，参谋们无法改变。

空降部队作战的时刻到了。冲在前边的轻型轰炸机轮番向下俯冲，疯狂地扫射、投掷炸弹，还在机场上空投下了很多烟幕弹。

10 时 20 分，96 架美式运输机，运载着第 503 空降团的伞兵，飞到日军的纳德扎布机场上空。

这时，麦克阿瑟正乘坐专机，在运输机群的上空指挥空降。一架架运输机向外吐出朵朵大伞……伞兵手中的喷火器所喷出的火焰，像红色的怪物一样喷向日军。很快，地面机场上的空地被伞兵们完全占领了。

1700 名伞兵连忙为即将空降的澳军第 7 师修建飞机跑道。9 日，美军和澳军对莱城形成了夹击之势。

11 日，盟军向萨拉马瓦发动进攻，日军被迫向莱城溃退。第二天，盟军进驻拉马瓦。驻守莱城的日军，在盟军舰炮的强大炮火打击下和东西两路盟军的夹攻下，于 16 日向北面锡奥撤退。日军在逃跑途中，有 2200 多人病死、饿死。

盟军占领莱城后，下一个进攻目标是芬什港。芬什港是日军在新几内亚的重要基地，驻守芬什港的日军约有 4000 人。

9 月中下旬，一个澳军旅从莱城启航，向东航行，驶抵休恩半岛的东部，于 9 月 22 日拂晓在芬什港北面上岸。

日军本以为盟军会从陆上发动进攻，所以把主力部队部署在芬什港的南边和西边，北面只剩少数部队。澳军立即把北边的守军击退。10月2日，澳军占领了芬什港，与从莱城赶来的第23旅会合。

日军撤往芬什港西北方约15公里处的高地上。10月11日，日军第20师主力从锡奥到达高地。日军用2个团的兵力发动进攻，占领了卡蒂卡附近的盟军阵地。

日军又派一个连从海上进行反登陆。在盟军猛攻下，日军于25日撤回高地。11月16日，澳军第9师向高山上的日军发动进攻，日军伤亡惨重。22日，日军向山下冲锋，23日、26日日军近50架飞机轰炸盟军。由于兵力太少，伤亡惨重，日军被迫于26日撤离高地，到达瓦列奥一带。

12月19日，日军发动多次进攻失败后，退守锡奥地区。在长达三个月的芬什港战斗中，日军死亡5500人。

孤立的腊包尔

1944年1月3日，日军集中兵力反攻机场，曾经占领了机场附近的一个高地，由于弹尽粮绝，于23日退守新不列颠岛东端的腊包尔。

1943年8月，美英联合参谋长会议在魁北克召开，会议批准了美国海军总司令金上将的建议，决定对腊包尔进行孤立，围而不攻。今后盟军将利用布干维尔岛的机场，不断地空袭腊包尔，使腊包尔的军事设施完全瘫痪；而西南太平洋部队负责突破俾斯麦岛为基地的日军空中防线和海上防线，趁机占领较远的阿德默勒尔蒂群岛。

阿德默勒尔蒂群岛拥有广阔的平地，能够修建机场和空军基地，阿德默勒尔蒂群岛的锡阿德勒港比腊包尔日军的辛普森港还要优良。

1943年12月底，盟军航空队连续发起攻势，日军在俾斯麦群岛的整个防线陷入崩溃的绝境。麦克阿瑟派美军在新不列颠岛登陆。麦克阿瑟希望在盟军通过"勇士号"海峡向西进攻以前，控制海峡两岸，保障海上交通线的安全，避免遭到日军飞机或水面舰艇的攻击。

1943年12月15日，麦克阿瑟派一支陆军部队在新不列颠岛的阿拉威空军基地登陆。

格罗斯特角在新不列颠岛的西北端，与东北端的日军重要基地腊包尔互相支援，盟军控制了格罗斯特角，就能与在布干维尔岛登陆的南太平洋部队，对腊包尔形成夹攻之势，堵住腊包尔的13.5万名日军的逃生之路。

驻守格罗斯特角的日军约有1万人，主要部署在吐鲁布机场。

1943年12月26日晨6时，2艘美军巡洋舰和8艘驱逐舰到达格罗斯特角附近海域，朝日军的阵地发动强大的舰炮轰击。

7时46分，美军登陆部队在格罗斯特角东北和吐鲁布机场西南成功登陆。日军组织轮番反攻，都被美军击退。当天，腊包尔日军飞机向登陆的美舰队发动空袭。1艘美驱逐舰被击沉。美军飞机击落、击伤几架日机。

从27日起，腊包尔日军飞机在盟军飞机的连续空袭下，无法起飞。向前推进的美军登陆部队遭受热带丛林沼泽和暴风雨的阻挡，直至29日才占领了吐鲁布机场。

1944年1月3日，日军集中兵力反攻机场，曾经占领了机场附近的一个高地，由于弹尽粮绝，于23日退守新不列颠岛东端的腊包尔。盟军趁机攻占了新不列颠岛西部，堵住了腊包尔10多万日军的退路。

盟军在瓜岛和新几内亚接连取胜后，正在准备第二阶段的大反攻：进攻腊包尔。

尽管麦克阿瑟与尼米兹在指挥权的问题上争论不休，不过两人都发现，单靠海军或陆军的力量无法战胜腊包尔的日军。

为此，美国联合总参谋部制定了一场小规模的进攻计划。这个进攻计划的代号为"硬币行动"：在麦克阿瑟率领陆军由新几内亚岛北上时，哈尔西率领海军从所罗门群岛北上，陆海军一同进攻布干维尔岛，使腊包尔的日军防不胜防。

当盟国陆军准备进攻时，日军决定进行死守。日军非常清楚，新几内亚岛是双方在这一地区争夺的战略要地。日军决定抽调第51师团，增援这一地区的日军。

1944年2月底，8艘运输船运载6000名日军由腊包尔启航，前往新几内亚。3月1日，美军的一架侦察机发现了日军的运输船队。因此，美军马上派轰炸机前去轰炸日军运输船队。

美国海军轰炸机机群

美军第5航空军的飞行员掌握了低空跳弹轰炸技术，在轰炸中，炸弹像石片一样跳过水面轰炸敌舰。此战证明，这种跳弹轰炸方法的威力很大，美军轰炸机炸沉了8艘运兵船。只有100名日兵侥幸游到新几内亚的海滩上。

日军在太平洋上完全失去了战争优势，日本脆弱的经济基础无力与实力雄厚的美国相抗衡。军队数量上占绝对优势的盟军装备了很多新式武器，在与日军的战斗中占有绝对火力优势。

早在1942年底至1943年初，美国的闪电式战斗机和海盗式战斗机就已经在太平洋上空称雄，性能远远超过日本的零式战斗机。

美军还拥有数量庞大的为登陆作战而制造的登陆舰。这些登陆舰包括水陆两用坦克、水陆两用车。水陆两用坦克能够装载2000磅的货物，水陆两用车能爬出波浪，冲上海滩。

日军在腊包尔的基地，一天天地被削弱，这个曾经一度坚固的据点，现在已变得越来越软弱无力了，已经走到濒临灭绝的地步了。

兵败吉尔伯特群岛

柴崎骂道："八嘎呀路，你敢乱我军心？"柴崎抽刀将菅井砍死，对众官说："胆敢撤退者，杀！"

1943年11月，美军在太平洋发起了全面的战略反攻。美军采用"跳蛙战术"，在进攻过程中放弃一些对他们前进影响不大的岛屿，或者绕过日军设防强大的岛屿，挫败日军死缠烂打的企图。

当时，日海军的力量已无力与美海军抗衡，还要给太平洋上星罗棋布的守岛日军运输给养，当美海军封锁一个个孤岛时，孤岛上的日军别说作战，连走路都没有力气，只能饿死或弃岛逃生。这种战术不仅能够大大减少盟军的伤亡，而且大大加快了作战进程。

吉尔伯特群岛位于马绍尔群岛与所罗门群岛之间，横跨赤道，处于美洲和澳洲海上交通线上，战略地位很重要。

吉尔伯特群岛由马金岛、塔拉瓦岛和阿贝马马岛等16个岛屿组成，总面积为430平方公里。

日军十分重视吉尔伯特群岛的战略地位，在太平洋战争爆发后，马上攻占了吉尔伯特群岛的几个大岛，修建了水上飞机基地，把吉尔伯特群岛作为对东南太平洋地区进行侦察的空军基地。1943年初，日军使用塔拉瓦岛上的机场，破坏美澳之间的海上补给线。

吉尔伯特群岛是日本帝国的"确保要域"之一，而且是1943年9月确立的"绝对国防圈"的前沿阵地，日军在吉尔伯特群岛的几个大岛修筑了地下防御工事，多次加强防御力量。

美军轰炸日军水上飞机基地

至 1943 年 7 月，驻守吉尔伯特群岛的日军达到 5400 人，其中马金岛有 700 人，塔拉瓦岛有 4700 人。另外，驻马绍尔群岛基地的近 100 架飞机负责支援吉尔伯特群岛。

1943 年 6 月中旬，美国参谋长联席会议原本想进攻马绍尔群岛，后来考虑到中太平洋部队的兵力不足，而且缺乏攻打日军重点设防岛屿的经验，因此规定先攻打吉尔伯特群岛。

美国太平洋舰队总司令尼米兹为了扫清在马绍尔群岛登陆的障碍，从 7 月起，美军太平洋舰队进行了进攻准备，在埃利斯群岛修建了很多轰炸机机场，在埃利斯群岛和菲尼克斯群岛的坎顿岛和贝克岛等地部署了航空兵部队。

在塔拉瓦岛，防御工事非大口径舰炮直接命中则无法将其摧毁。所有工事都构筑在地下，就像一座森严壁垒的"地狱"。岛上日军的火力非常凶猛，机枪和火炮等组成了十分严密的火力网。

从 9 月份起，美航母舰载机和重型轰炸机对塔拉瓦岛进行了连续的轰炸，还轰炸了吉尔伯特群岛及其附近的日军航空基地，尤其是出动飞机多次空袭腊包尔。再加上，南太平洋部队和西南太平洋部队对日军的不断进攻，使日海军联合舰队也损失惨重，无力支援吉尔伯特群岛的守军了。

自 11 月 13 日至 11 月 20 日，美军向塔拉瓦岛发射了 3000 吨炮弹，投掷了 1000 吨炸弹。

对于这次进攻，尼米兹已经进行了周密的安排。美军攻打吉尔伯特群岛的主要岛屿是马金岛、塔拉瓦岛和阿贝马马岛。负责登陆作战的是美军第 2 陆战师和第 27 步兵师，兵力为 2.2 万多人。负责支援的各型舰船 200 多艘，包括 11 艘航空母舰，还有 1000 多架飞机给予空中支援。这些部队统称中太平洋区联合舰队，由雷蒙·斯普鲁恩斯指挥。

1943 年 11 月 1 日，美太平洋舰队第 4 勤务大队正式成立。第 4 勤务大队装备了油船、拖船、扫雷舰、驳船、医疗船、收容船、水上干船坞等设施,能够解决跨海作战后勤的供应、补给和修理等许多难题,在两栖作战中有力地提高了海军的实力。

1943年11月20日早晨,由美第27步兵师一部6700多人组成的北路部队、由第2陆战师1.6万人组成的南路部队,向马金岛和塔拉瓦岛发动进攻。在强大的舰炮火力掩护下,两支突击部队开始登陆了。

马金岛上的防御工事非常坚固,但守岛日军只有700人,美军以为只需一天时间就能攻下,没有把这个小岛看在眼里。美军准备先在马金岛突出部实施登陆,将日军引出主要阵地,2小时后,再到日军主要阵地发起第二次登陆,把日军一分为二。

没想到,日军没有上当,躲在地下工事里顽强抵抗。直到11月23日,在舰炮和飞机的火力支援下,美军以近十几倍的人数优势歼灭了日军,但美军的伤亡也高达200多人。

在马金岛战斗中,由于海军陆战队进攻不力,给负责炮火支援的海军舰艇人员造成重大的损失,1艘航空母舰和1艘战列舰被击中,引发了大火,海军死亡700多人。

塔拉瓦岛是日军在吉尔伯特群岛上的设防重点。在登陆舰上,满载着美军的17000名官兵。

美军认为在经过了猛烈的火力准备以后,岛上不会再有活着的日本兵了。凌晨5时,守岛的日军开始朝美舰开炮。瞬间,美战列舰发射了重达1吨多的炮弹给予还击。由战列舰、巡洋舰和驱逐舰组成的强大火力网完全压住了日军的炮火,塔拉瓦岛剧烈地振动,变成了大海上的一堆火。

6时,许多美军飞机载着重磅炸弹,向塔拉瓦岛进行俯冲轰炸。空中轰炸结束后,舰炮火力再次倾泻,塔拉瓦岛笼罩在硝烟之中。

8时45分,美军先头部队乘坐两栖运兵车朝岸上扑去,后面的登陆艇装载着坦克、火炮和部队源源不断地向岸边驶去。

美军士兵看着这座每平方米遭受了几吨多炸药的塔拉瓦岛,当他们快到达滩头时，密集的炮弹和机枪子弹从地下工事中怒吼着喷射出来。

9时13分，美军到达了滩头。由于日军的火力很猛，给两栖运兵车造成了一定的损失。美军登陆艇到达滩头时，因海水太浅，被迫搁浅，美军纷纷跳入深深的水中。许多人因装备太重而被淹死。

美军在深及胸部的海水中，手拿步枪，背着弹药，在日军猛烈的火网中，向前冲去，伤亡逐渐加大。

许多登陆艇被日军火炮击中，上面的人员和装备都沉没了。美军登上沙滩后，都躲在沙堤的后边。只要稍一抬头，就变成日军射击的目标。

美军的伤亡愈来愈大，陷入了混乱，登陆的美军被日军困在了海滩上。美军被迫对海岛发动了舰炮轰击和飞机轰炸。美军驱逐舰驶近海滩攻击岛上的日军。同时，美军预备队也参加了战斗。在激战中，美国使用了火焰喷射器、手榴弹和新式炸弹等武器。

塔拉瓦岛上放置88式75毫米高平两用炮的日军碉堡

11月20日傍晚以前，刚登陆的5000名美军中，伤亡达1500人。夜晚，美军在海岸上建立了纵深为140米的防御阵地。

与此同时，岛上的日军也伤亡惨重。日军指挥官柴崎顶不住了，他的部队已经伤亡过半，许多日军被炮火埋葬在地下工事中。绝望中，菅井武男中佐冲进柴崎的指挥部，哀求道："长官，敌人炮火太猛，我的部下已守不住阵地，暂时撤退吧。"

柴崎骂道："八嘎呀路，你敢乱我军心？"柴崎抽刀将菅井砍死，对众官说："胆敢撤退者，杀！"

21日天刚亮，在舰载机和舰炮的强大火力掩护下，美军全部参加了进攻。美军躲在坦克的后面，逐一摧毁日军的据点。

美军由西海岸发起进攻，把柴崎包围在岛中央一个大碉堡内。美军停止进攻，唤翻译喊话，命日军投降。柴崎亲自端起机关枪，朝喊话方向猛射，打死美军翻译。

几台推土机推起沙子挡住大碉堡的出入路口，跟在推土机后面的美军士兵向碉堡内发射火焰，又将大量的汽油引燃，把柴崎等300名日军烧死。

天黑前，美军将阵地推进到南海岸。11月22日，美海军陆战队登陆完毕，开始从西向东发动攻势。夜晚，日军从好几个方向向美军扑去，用刺刀与美军展开了白刃战。日军共发动三次大反攻，在美军强大的火力面前都失败了。

23日，美军攻入日军的主阵地，到达塔拉瓦岛的最东端。下午，美军占领塔拉瓦岛。战斗结束时，17名日军和129名朝鲜劳工被美军俘虏。参战的17000名美军中伤亡3000多人。

另外，第5两栖侦察团占领了只有25名日本守军的阿贝马马岛。

在吉尔伯特战役中，"独立"号轻型航空母舰被日军潜艇击伤；四天后，一艘日本潜艇击沉了"利斯科姆湾"号航空母舰。

马绍尔再遇"燧发枪"

美海军部队派出 6000 架次飞机，向沃杰和马洛埃拉普环礁投掷了 1000 多吨炸弹，使日军伤亡惨重。

美军在吉尔伯特群岛登陆战中损失惨重，但却巩固了盟军在中太平洋的阵地，解除了日军对盟军海上运输线的严重威胁，为即将开始的马绍尔群岛登陆战提供了进行空中援助的基地。美海军在登陆作战方面吸取了血的教训，有利于下一步对马绍尔群岛的作战成功。

一天，尼米兹来到马金岛，望着受伤的官兵并向阵亡者的遗体告别。但他怎么都提不起精神来。到处都是尸体和残肢，在阳光的曝晒下散发着臭气。

随后，尼米兹在斯普鲁恩斯的陪伴下，慰问了部队。他看着衣服肮脏、面容憔悴的官兵，大声说："亲爱的孩子们，你们以沉重的代价换来了海军陆战队成立 168 年来最大的一次胜利，你们以自己的行动向世人证明，美军是不可战胜的！"

吉尔伯特战役结束后，尼米兹把注意力转向马绍尔群岛的西北方向。1944 年初，美军做好了进攻的准备。

在马绍尔群岛战役开始前的准备阶段，尼米兹给美军登陆部队提供了更多的战舰，使舰只总数增加到 300 艘，包括 12 艘航空母舰，还有 715 架飞机。

中太平洋联合舰队司令斯普鲁恩斯决定，为了避免美军进攻时遭受重大伤亡，对重要岛屿采取了占领的策略，跳过不重要的岛屿。

斯普鲁恩斯下令，第 4、第 7 海军陆战师和第 5 两栖部队协同作战。

参与对马绍尔群岛攻击的兵力达到 53000 人，还有 31000 名预备队队员。

1944 年 1 月底，美军发动了"燧发枪作战计划"。在第 5 舰队炮击和轰炸沃杰和马洛埃拉普环礁的时候，第 5 两栖部队正在西部的夸贾林环礁强行登陆。

在以后的两个星期中，美海军部队派出 6000 架次飞机，向沃杰和马洛埃拉普环礁投掷了 1000 多吨炸弹，使日军伤亡惨重。

美军地面部队占领的马朱罗环礁，为美海军以后向西发动进攻提供了优良的海军基地。同时，1 月 31 日，美军两栖部队开始进攻克瓦亚林环礁。

在克瓦亚林环礁的北部，美军第 4 海军陆战师攻占了罗伊-纳穆尔岛。

2 月份，美军第 7 陆战师攻占马绍尔群岛东南部的埃贝耶和夸贾林群岛。

2 月 7 日，美军发动的"燧发枪作战"胜利结束。

相对来说，美军的伤亡人数是很低的，只死亡 400 人，而日军包括守

在进攻马绍尔群岛时，美国海军陆战队队员在敌人炮火下查看地图

军司令以下8000多人被歼灭。

占领了马绍尔群岛以后，美军第5舰队又对埃尼维脱克环礁发动了进攻。

在马绍尔群岛的日军出人意料地被歼灭后，在特鲁克的日军并没有撤离。日军又击落了35架美军飞机，还用鱼雷击伤了"无畏"号航空母舰。

特鲁克在日本的"绝对国防圈"中至关重要，日海军联合舰队总司令古贺峰一把很多日本战斗机从腊包尔调到特鲁克。这样，新几内亚群岛上的日军更无法对付麦克阿瑟的盟军部队的空中打击了。

而攻打埃尼威脱克环礁的任务，由中太平洋舰队的第5两栖部队的后续部队完成。

2月18日，美军开始了猛攻，两天后美军占领了埃尼威脱克环礁。几天后，美军攻占了帕里环礁。在整个战斗中，美军伤亡716人。日军死亡2677人。

2月23日，美军为了降低伤亡，又采用了"跳岛战术"，绕过一些岛屿，把日军守岛部队困在沃杰、莫利陂和米利等几个岛屿上，直到第二次世界大战结束。

日军死守塞班岛

黄昏，已经有2万名美军登陆，推进的距离只达到预定的一半，但却已伤亡2000人。而且，在美军的防御阵地上还有一个大的缺口。

1944年初，盟军在太平洋战场进行了强大的战略反攻。日本的国力和军力已经逐渐枯竭，防御作战接连失利。

从1944年6月起，在中太平洋方向的盟军开始进攻日军的内防御圈马里亚纳群岛地区。尼米兹决定于6月15日攻占塞班岛，以切断日本与南太平洋各岛间的海上联系，建立巩固的海军基地，取得西太平洋地区的制海和制空权。

塞班岛长约30多公里，宽约10公里，是个珊瑚火山岛。守岛日军有近3万名部队，由斋藤陆军中将和南云海军中将共同指挥。塞班岛是马里亚纳群岛中防御最强的一个岛。

日军在塞班岛的防御方针是"歼敌于水际"。在美军登陆以前，塞班岛的工事还没有来得及修筑完毕，滩头与暗礁上没有布水雷，塞班岛上没有形成有组织的纵深防御阵地。

塞班岛的防御火力很强，各种火器都经过了精心的配置和伪装，能够有效控制登陆海滩。

登陆以前，美军开展了3个月的登陆战训练和登陆演习。登陆前4天，美军向塞班岛进行了猛烈的轰炸，还出动了蛙人爆破队，对登陆水域进行搜索，扫除水雷和清除水下障碍物。为了迷惑日军，登陆前美军在太平洋很多岛屿进行了一系列佯攻。

1944年6月15日，美海军陆战队第2师、第4师和步兵第27师，在8艘航空母舰、7艘战列舰、11艘巡洋舰和50艘驱逐舰的护送下，向塞班岛驶去。

上午8时30分，在舰炮和飞机的支援下，史密斯中将指挥陆战队第2师和陆战队第4师开始登陆。20分钟内，近8000名陆战队员乘坐700多辆两栖运兵车朝滩头冲去。

岛上的日军发射了雨点般的炮弹，在海面上掀起了许多个大水柱。美军的两栖运兵车仍旧向滩头冲去。有些运兵车被炮弹击中，很快就沉没了。侥幸逃生的士兵，奋力朝岸上游去，有些士兵爬上其他运兵车。

这时，躲在工事里的日军疯狂地朝美军射击。虽然日军的防御工事没有修建好，可是岛上的地形十分复杂，使他们躲过了美军的轰炸，尤其是很多经过精心伪装的大炮，没有被美舰炮击毁，这时都发挥了巨大的威力。

美军英勇地冲锋着，每前进一步伤亡都在增大。美军离沙滩已经很近了，受到更加猛烈的火力阻击。冲在前面的水陆坦克，被两栖运兵车追上。第一批美军上岸了。在滩头，刚上岸的美军遭到了日军的疯狂射击。许多美军倒下了，幸免于难的士兵纷纷趴在沙滩上。这时，水陆坦克还没有上岸，美军不能前进。

上午10时，水陆坦克上岸了。在坦克的支援下，美军纷纷向岸上推进。可是，面对日军的疯狂扫射，美军的伤亡更大了，推进的速度不得不放慢下来。

黄昏，已经有2万名美军登陆，推进的距离只达到预定的一半，但却

塞班岛滩头作战的美国海军陆战队

已伤亡2000人。而且，在美军的防御阵地上还有一个大的缺口。

深夜，为了尽早发现日军可能发起的反攻，美军一直保持着警惕，多次发射照明弹。很快，日军发动了反攻。日本兵纷纷喊叫着，端着刺刀朝美军扑来。

美军没有被日军的疯狂进攻所吓坏，而是把日军的方位报告给在海上的战舰，舰炮用强大的火力进行轰炸。

随着暴风雨般的轰炸，前面的日军全部炸死在炮火之中。然而，不甘示弱的日军再次发动集团冲锋，等待日军的依然是被炸身亡。

同时，日军的大炮也在不停地轰炸，日军的炮火非常猛烈，是美军以前登陆时所不曾遇到过的。很多日军从美军防线的缺口处冲进，跑到美军防线的后面，很快被美军的后续部队歼灭了。

拂晓，日军再次组织集团冲锋。这次，日军突破了美军的防线。双方

在塞班岛激战中，美军用喷火器向藏有日本士兵的隧道内喷火

进行了激烈的白刃战。枪声、拼杀声、哀嚎声连在一起。这次，日军被击退了。虽然日军疯狂地进攻，但美军仍然守住了防御阵地。

6月16日，双方进行了激烈的争夺战。日军的炮火很凶猛，美军的水陆坦克损失惨重，无法发挥作用了。这时，美军已经全面上岸参战，形势十分危急。若战斗这样打下去，美军可能会失去战役的主动权。

6月17日，美军终于击败凶残的日军，开始向纵深推进。经过几天的激战，日军被围困在高地上的袋形地区中。这里原是一座火山，山里到处都是岩洞，是天然的防御工事。

日军利用岩洞，准备顽抗到底。美军的主力部队绕过岩洞。美军派出特种部队，用火焰喷射器和炸药包，对付洞中的日军。

岛上的日军渴望日海军联合舰队赶来支援，继续疯狂的射击。在马里亚纳海面，赶来的日本舰队被美海军打败了，塞班岛的日军已经成了美军的猎物。

6月底，躲在岩洞中和地下工事里的日军断粮了，被迫用草根树皮充饥。

7月6日，岛上的南云忠一海军中将切腹自杀。随后，斋藤陆军中将和其他军官纷纷自杀。

忽然间，一阵喊叫声从远处传来。日军纷纷跑过去观看，原来是许多伤兵正在跳崖自杀。日军问他们为什么要自杀。众伤兵泪流满面，一位伤兵说："美军残忍至极，竟用黑猩猩打仗，女人若当了俘虏，统统会与黑猩猩交配，生了怪物以后杀掉。男人落在黑猩猩手中，都会被喂了黑猩猩。我们要到靖国神社去了。"

一位军医带着300多名伤员向悬崖边上走去，"再见吧，母亲！"的喊声不断传来。随后，响着阵阵手榴弹的爆炸声，2000多名不能行走的伤兵自杀了。

7月7日清晨，塞班岛上的3000名日军，叫喊着"天皇万岁"，端着机枪和步枪，冲向美军阵地。美军凭借武备上的优势，击退了日军的进攻。

7月8日，美军全部占领了塞班岛，继续扫荡躲在洞中的日本军民。一位美国黑人士兵发现了一座悬崖，上面站满了几千名日本人，正在陆续跳崖。

"日本平民们，我们是美军。现在战斗已经结束，等待你们的将是安全和食物，不要自杀！"跟着追上来的美军翻译用日语喊到。

"快，先把孩子扔下去。"一个伤员说完，从女人手中抢过孩子，扔下悬崖。孩子的母亲跟着跳了下去，其他人相继跳下悬崖。

美军冲了上来，想阻止日本人跳崖。日本人却误以为要抓他们当俘虏，纷纷跳了下去。美军被这悲惨的景象惊呆了。

塞班岛32000名日本平民中有2/3自杀了，美军心想："可能这就是东方人所崇尚的气节。"

塞班岛战役结束。塞班之战的代价是非常大的，日本军民3万多人死亡；在7万名美军中，伤亡1.5万人，其中3000多人死亡。

塞班岛战役使美军付出了高昂的代价，使日本的"太平洋防波堤"彻底崩溃，"绝对国防圈"中的关键岛屿被攻占。

日本统帅部认为盟军西南太平洋战区的部队可能抢先对菲律宾群岛发动进攻。中太平洋战区的盟军会寻找日海军联合舰队决战，同时加紧对中太平洋战区日占岛屿的攻占。

第七章

日军退守菲律宾

"捷"与"雷诺"的较量

盟军占领塞班岛以后，向西可以进攻菲律宾群岛，向北可以进攻小笠原群岛，直接威胁日本与东南亚地区的海上交通线，可以出动远程轰炸机轰炸日本。

塞班岛之战是美军太平洋反攻中具有决定性的战役。塞班是日本陆海军的心脏，塞班岛的失守所带来的沮丧，比以前所有败绩加在一起所带来的沮丧还要大。

日军统率部制定了新的作战方针，其代号为"捷"。1944年7月24日，日本统率部对陆海军下达了决战命令，要求陆海军互相支援，极力维持现有的防御圈，在作战中歼灭美太平洋舰队和美军进攻菲律宾群岛的兵力，确保日本内防御圈的绝对安全。

根据日本统帅部的基本精神，日本南方军和日本海军联合舰队制定了抗击美军进攻菲律宾群岛的作战计划。

第一，在菲律宾群岛的吕宋岛与美军展开地面决战。第二，第14方面军的山下奉文上将负责指挥整个菲律宾群岛作战。第三，铃木宗作中将的第35集团军在菲律宾群岛中部和南部各岛屿坚守，航空兵部队为陆军第4航空军，拥有1000架飞机，主要配置在吕宋岛的克拉克空军基地。

日军的计划重点是：把日军舰队集中在某一美军登陆海域附近，由山下奉文率部牵制美军的登陆部队，日舰队趁机歼灭美太平洋海军的主力。

盟军占领塞班岛以后，向西可以进攻菲律宾群岛，向北可以进攻小笠原群岛，直接威胁日本与东南亚地区的海上交通线，可以出动远程轰炸机轰炸日本。

尼米兹指出，盟军下一步行动应绕过菲律宾群岛，占领台湾和日本的硫磺岛、冲绳岛，如果这些岛屿被占领，就能直接进攻日本。

尼米兹进一步指出，为了完成这一任务，原属麦克阿瑟所属的美军部队，除了保留2个师及几个空军中队外，应都归属到中太平洋战区。

尼米兹的军事计划，得到了美海军总司令金上将的支持，得到了美国参谋长联席会议主席马歇尔和阿诺德空军上将的支持。

对此，麦克阿瑟表示强烈反对。麦克阿瑟说，绕过菲律宾的几十万日军而直接进攻台湾"是完全错误的"。

麦克阿瑟还说，尼米兹的计划是很难成功的，尼米兹的胃口太大了。因为台湾的防御固若金汤，盟军进攻的速度不能太快。菲律宾群岛的吕宋岛是攻打台湾的必经之路。另外，美国有义务解放1700万亲美的菲律宾人民和巴丹半岛上的近万名战俘。

从美国总统罗斯福到参谋长的所有成员都非常担心。军界高层产生了严重的分歧，将直接影响战争的进程。

为了调节尼米兹与麦克阿瑟的矛盾，罗斯福决定与他们商谈。会见的地点位于夏威夷群岛的珍珠港基地。

7月26日下午3时许，麦克阿瑟的专机飞抵希克姆机场。与此同时，罗斯福总统乘坐的"巴尔的摩"号重型巡洋舰驶到了港口。

当麦克阿瑟的专机在机场着陆时，尼米兹上前迎接，陪同麦克阿瑟来到谢夫特堡。接着，尼米兹立即乘车赶往港口。

罗斯福乘坐的巡洋舰靠岸后，尼米兹登上"巴尔的摩"号。尼米兹发现，被疾病折磨的罗斯福总统的脸庞苍白，下颚的肌肉明显下垂。尼米兹与罗斯福互致问候之后，就在军舰上交谈起来。

约1小时后，一辆红色敞篷轿车在宪兵的摩托车护送下赶到港口。麦克阿瑟身穿一套新军装，头戴元帅帽，戴着墨镜，手中拿着大玉米芯烟斗。这套有点俗气的行头，只要在照片和卡通片中出现，美国人就能马上认出麦克阿瑟来。

人群中爆发出热烈的欢呼,麦克阿瑟快步登上"巴尔的摩"号。第二天,罗斯福、麦克阿瑟和尼米兹等人巡视了陆军和海军设施。他们在海滩庄园共进晚餐。

美太平洋海军总部的墙上挂着一幅巨大的地图,地图上的菲律宾群岛清晰可见。

罗斯福举起长长的教鞭,指着地图上的棉兰老岛,问道:"道格拉斯(麦克阿瑟),我们从棉兰老岛出发后向哪进攻呢?"

麦克阿瑟把自己的计划都说了出来。他最后说:"总统先生,我们能在三个月后在菲律宾群岛登陆。我将在日本与东印度群岛之间建立封锁线,卡得日本天皇透不过气来。天皇一定会投降的,根本不用进攻日本。"

尼米兹反对说:"菲律宾群岛的吕宋岛没有任何价值,我们能够绕过菲律宾群岛。海军现在能够远离港口和机场作战。海军的航空母舰能运送

1944年,罗斯福与麦克阿瑟(左一)共同庆祝麦克阿瑟被任命为美军总参谋长

1000多架战斗机攻打任何目标。海军的海运能力能够一次运送12个师登陆，历史上还没有出现过这么强大的海军力量。战胜日本的办法就是孤立日本的所有岛屿，迫使日本投降。我们的下一个目标应该是台湾，而不是菲律宾群岛，再下一个目标是日本的硫磺岛和冲绳岛。我们把日本的所有岛屿孤立起来，不用再登陆了。"

麦克阿瑟说："我们不应该抛弃上千万菲律宾人民。至于攻打硫磺岛和冲绳岛，无非是想对两个日军阵地展开伤亡惨重的攻击。为了微不足道的军事利益而遭受重大的人员伤亡是错误的。"

第二天上午会议又开始了，麦克阿瑟正在争论着，罗斯福说："但是，如果攻打菲律宾，盟军会蒙受重大伤亡，在菲律宾的日军约有50万人。"

麦克阿瑟说："总统先生，从正面进攻的战略已经过时。只有平庸鲁莽的指挥官才会发动正面进攻。"谁都知道麦克阿瑟指的是塞班岛战役，虽然尼米兹通过正面进攻占领了塞班岛，但美军伤亡惨重。

事实上，若不是中太平洋盟军的攻势牵制了日军，麦克阿瑟在西南太平洋就不会势如破竹，人员伤亡也可能很大。

上午的会议没有任何结果。下午和当晚继续开会，一直讨论到午夜。麦克阿瑟不仅说服了总统，而且说服了尼米兹。

宴会后，麦克阿瑟向罗斯福总统保证，他与尼米兹间的分歧都已消除。

麦克阿瑟回到指挥部后，制定了代号为"雷诺"的菲律宾战役计划。麦克阿瑟雄心勃勃，想尽快实现重返菲律宾群岛的诺言！

麦克阿瑟规定：9月15日占领菲律宾群岛外围的摩罗泰和佩莱利乌岛，11月15日在棉兰老岛南部登陆，12月20日在莱特湾登陆。

海军为了支援陆军，9月6日，哈尔西指挥第3舰队的航空母舰空袭了雅浦岛、乌利亚岛和帛琉群岛，目标是围困这些岛屿上的日军，摧毁日军的防御工事。

9月9日、19日，第3舰队的舰载机攻击了棉兰老岛，美海军意外地发现岛上日军的空中力量严重不足，几乎没有战机了。

9月12日、13日，第3舰队的航空母舰编队轰炸了比萨扬群岛，这里的日本空军也不堪一击。

哈尔西向麦克阿瑟和尼米兹建议，取消登陆棉兰老岛和雅浦岛的作战计划，直接进攻莱特岛。

尼米兹和麦克阿瑟表示同意，提交美国参谋长联席会议讨论。很快，参谋长联席会议批准了攻打莱特岛的计划，要求尼米兹把第3两栖编队和第24军暂时划归麦克阿瑟指挥。

麦克阿瑟修改了"雷诺"战役计划，盟军的登陆地点位于莱特岛东北部沿岸的平原地带。麦克阿瑟准备出动4个师的兵力在莱特岛登陆，共17.4万人。而日军在莱特岛的地面部队只有2.2万人。

为了保证菲律宾战役的顺利，盟军航空兵部队从10月7日起，对菲律宾群岛的日军进行猛烈的攻击。

哈尔西指挥第3航空母舰舰队的舰载机，轰炸了菲律宾群岛的日空军基地，准备使日本空军瘫痪。同时，新几内亚群岛的美第5航空队和马里亚纳群岛的美第7航空队也分别轰炸了许多日军基地。

10月12日，约600架美军舰载机空袭台湾南部。同时，驻印度加尔各答的美军出动100架重型轰炸机轰炸台湾。途中，日军战斗机纷纷迎战，发动了自杀式攻击，但无力与盟军的空中力量相抗衡。一天连遭两次大规模空袭，使日军在台湾的空军部队受到重创，另外还有2艘日军驱逐舰受到重创。

空战结束后，东京广播电台向全世界宣布："我部队连夜猛攻台湾及菲律宾以东海面的盟军机动部队，击沉盟军航空母舰11艘、战列舰2艘、巡洋舰或驱逐舰1艘……"

日本国民马上在日本各地举行了狂热的庆功活动。日本内阁向天皇和所有的"胜利者"庆功。日本首相小矶叫道："胜利就在眼前！"

德国元首希特勒和意大利元首墨索里尼纷纷发来了贺电。

不久,日军侦察机竟在台湾、菲律宾东部海域发现了十几艘美军航空母舰。原来,在空战中,许多第一次参战的日军飞行员,把炸弹炸起的浪花或者日机在海面上的爆炸,都误以为是美军战舰在下沉。为此,日本政府丢尽了脸面。

对此,哈尔西对记者们说:"我匆忙打捞了刚被日军炸沉了的美军第3舰队以后,立即撤到了菲律宾东部海域。"

哈尔西留下一支巡洋舰编队迷惑日军,同时命令航空母舰特混编队驶进菲律宾海域躲避日机的轰炸。

日军出动600架航空母舰上的舰载机,准备消灭美航空母舰编队,但却上当了。当日军机群返航时,哈尔西指挥航母上的舰载机,追击日军机群,把半数日机击落。

这一阶段的战斗,美军先后击毁日机650架,摧毁日军在台湾修筑的大量岸防工事。美军的2艘驱逐舰受到重创,75架飞机被击落。

莱特湾大海战中的美国舰队

莱特岛炮声响起

麦克阿瑟把麦克风递给奥斯梅纳,奥斯梅纳宣布共同体政府恢复菲律宾主权。

对于日本的"胜利",作为菲律宾群岛日军总指挥的山下奉文着实高兴了一阵子,但他深知更大的作战还在后头。山下奉文曾任驻瑞士、德国和奥地利的武官,做过日本陆军大学的教官,熟悉欧美军队的战术。此外,他还曾担任过日本驻中国关东军第1方面军司令。日军入侵马来西亚时,山下奉文靠出色的丛林战指挥能力,得到"马来之虎"的绰号。

山下奉文并不怀疑自己具有战胜麦克阿瑟的军事才能,但是,他不得不承认自己指挥的是一场注定会失败的战役。不过,他并不想让部下们知道这一切。

1944年10月6日,山下奉文来到位于菲律宾首都马尼拉附近的第14方面军司令部。山下对部下们发表了讲话:"日本帝国的命运在此一战了,在日后的战役中,全体将校都有重任。大家要牢记,日军必将最终取胜!"

盟军选择在莱特岛登陆,是有很大好处的。莱特岛的东面是萨马岛,南面是棉兰老岛,盟军占领了莱特岛,就把菲律宾群岛拦腰截断了。

10月17日,盟军的庞大舰队向莱特岛驶去,整个舰队由20多艘航空母舰、12艘战列舰和近百艘巡洋舰、驱逐舰以及上千架飞机护送,拥有17.4万人的登陆部队。

站在"纳什维尔"号巡洋舰上的麦克阿瑟被庞大的舰队深深地吸引着,站在栏杆前向外观看。

一位海军军官对麦克阿瑟说:"将军,这么庞大的舰队都在你的指挥下,感觉肯定挺不错吧?"

麦克阿瑟说:"不,明天一早,将有很多好孩子要死在战场上了。"

1944年10月20日,盟军舰队驶入莱特湾。天刚有点亮,美舰队的舰载重炮就发射了雨点般的炮弹。

舰载机群密密麻麻地扑向了日军阵地,震耳欲聋的爆炸声响彻莱特岛。上午9时45分,许多登陆艇在20公里宽的海面上,向海岸扑去。

很快,美军士兵纷纷跳下登陆艇,射击靠在棕榈树后的日军。美军爆破手冒着枪林弹雨,将日军的碉堡炸成废墟。有2名士兵还把美国国旗和菲律宾国旗插在海滩上。

日军在卡特蒙山上部署了许多重炮,但大部分被美战舰的炮火炸成了碎片。

战斗进行时,麦克阿瑟正站在20公里外的"纳什维尔"号巡洋舰

麦克阿瑟乘坐的"纳什维尔"号巡洋舰

上，他无法看清海滩上发生的战斗。密集的舰炮声震耳欲聋，头顶上不时飞过密集的火箭弹，许多舰载机在低云层中飞过，海岸上浓烟滚滚、火光冲天。

上午11时，麦克阿瑟召来4名随军记者。他告诉记者们："41年前，我在1903年10月20日曾来到这里，这真是巧合。那时，我是一个年轻的工兵少尉，到这里来进行实地考察。"

下午1时，麦克阿瑟在幕僚的陪同下，登上登陆艇，前往"约翰·兰德"号迎接菲律宾新总统奥斯梅纳。奥斯梅纳上登陆艇后，与麦克阿瑟坐在一起。

下午2时30分，登陆艇靠近海滩。麦克阿瑟先跳下船，奥斯梅纳和其他人也随后下船。

海水没过了麦克阿瑟的膝盖，他的下巴向前伸着，显得气宇轩昂。当他上岸后，说道："我回来了。"

奥斯梅纳与麦克阿瑟握手，欢迎麦克阿瑟回到菲律宾。

当麦克阿瑟路过一个趴在树后的步枪班时，美军正在瞄准日军的士兵。

麦克阿瑟找到了第24师师长弗·欧文少将。欧文对他说，美军已有15人死亡。美军只向岛上推进了300米，遇到了很多日军的防御工事。

通信兵把一辆战车开到海滩上，这是哥伦比亚广播公司的播音车。记者威廉·邓恩先对着麦克风向全世界的听众讲了15分钟。接着，他把麦克风递给麦克阿瑟。

雨水顺着麦克阿瑟的帽檐向下流淌，麦克阿瑟用深沉、稳健的嗓音开始演讲："菲律宾人民，我又回来了。上帝保佑，美军又来到了菲律宾的国土上……团结在我周围吧……挺身而出战斗吧……为了你们的子孙后代，战斗吧……让我们以上帝的名义去实现我们的目标，向正义的胜利进军。"

第七章 日军退守菲律宾

麦克阿瑟把麦克风递给奥斯梅纳，奥斯梅纳宣布共同体政府恢复菲律宾主权。

麦克阿瑟这篇著名的演说在菲律宾人民中引起强烈的共鸣，菲律宾各岛的抗日活动形成燎原之势。菲律宾群岛上的日军十分恐慌，天皇连忙下诏，马上执行"捷1号作战"，把美军赶出莱特湾。

美军登陆部队全部登陆后，继续向纵深推进。

10月23日，美军在莱特岛建立了宽20公里、纵深18公里的防御阵地。接到美军登陆莱特岛的报告，山下奉文决定向莱特岛增兵，立即从吕宋岛和米沙鄢群岛抽调军队派往莱特岛。

从10月23日至12月11日，日军出动快速驱逐运输舰向莱特岛增援了约4.5万人。然而，美军的登陆部队已经有18万人了。同时，美海军的舰载飞机和陆基远程轰炸机切断了莱特岛日军的补给线。

在拥有巨大优势的情况下，美军不断歼灭抵抗的日军，向前不断推进。在右侧，美第10军从陆上和海上向铃木的第35集团军北部的核心地

第一个是"大和"号，其后是"武藏"和"长门"号，它们在巴拉望水道遭到攻击

带进攻。在左侧，美第 24 军向日军在西海岸上的主要阵地乌目推进。

12 月 7 日，另一支美军登陆部队在日军主阵地的南翼登陆，向日军发动了进攻。12 月 10 日，这支美军占领了利蒙和乌目。

12 月 20 日，从南面进攻的美军第 77 师与从北边进攻的第 1 骑兵师、第 24 步兵师在利邦会合，将铃木的部队重重包围，切断了铃木部队与港口帕洛蓬的通路，使日军无路可逃。

12 月 25 日，美军歼灭了莱特岛上的日军。

莱特岛战役，日军损失近 7 万人，美军损失 1.5 万多人。与此同时，一支美军登陆部队在萨马岛登陆了。

"武藏"魂断锡布延

19 时 35 分，263 米长的"武藏"号沉入了锡布延海，1200 多名舰员为它陪葬。

日海军司令丰田副武听说美舰队驶往莱特湾时，决定发动精心准备的"捷 1 号"海上决战行动。

联合舰队拥有当时世界上最大的两艘战列舰——"武藏"号和"大和"号。丰田副武把最后的血本都押上，希望会有奇迹出现。

丰田副武的军事部署为：小泽治三郎的北方舰队，又称第 3 舰队，由 4 艘航母、2 艘战列舰、3 艘巡洋舰和 8 艘驱逐舰组成，从日本海启航，驶向吕宋岛附近海域，引诱哈尔西的第 3 航空母舰编队离开莱特湾；栗田健男的中央舰队，由"大和"号战列舰、"武藏"号战列舰、3 艘战列舰、12 艘巡洋舰和 15 艘驱逐舰组成，中央舰队由马来西亚、婆罗洲和中国海驶向圣贝纳迪诺海峡，再向南驶向莱特湾，与莱特湾的美军舰队展开决战；南方舰队由2艘战列舰、4艘巡洋舰和8艘驱逐舰组成，由琉球群岛出发，穿越棉兰老岛与莱特岛之间的苏里高海峡，驶向莱特湾。

丰田副武准备用中央舰队和南方舰队歼灭美军舰队，然后再对付在莱特岛登陆的美军地面部队。

第7舰队司令金凯德和第3舰队司令哈尔西没有料到丰田副武会发动孤注一掷的海上大决战。日本海军又使用了新密码，日舰队在行驶中严格保持无线电静默，美舰队情报处无法掌握日海军"捷1号"作战计划的具体情况。

10月23日夜晚，栗田健男指挥中央舰队驶过巴拉望岛暗礁区。在暗礁丛中的海面上，两艘美国潜艇"海鲫"号和"鲦鱼"号正在巡逻。

24日0时16分，"海鲫"号艇长麦克林托克得到报告："方位131度、距离3万米处有一目标，可能是舰队，可能是雨云。"

麦克林托克立即跑到雷达屏幕前，他肯定地说："那是一支舰队！"

经过进一步的侦察，麦克林托克的话得到了应验。麦克林托克立即与"鲦鱼"号艇长克拉杰特取得联系，最后说，"我们一起进攻吧！"

"海鲫"号在前面，"鲦鱼"号在后面，向日本舰队靠近。

5时左右，麦克林托克通过潜望镜发现远处一大片小山似的舰艇。"朋友，这是日军的大舰队！我们可有得打了。"麦克林托克向哈尔西发了电报。

麦克林托克下令："发射！"4枚鱼雷像快速游动的梭鱼，朝日军的旗舰"爱宕"号撞去。

在舰桥上的栗田指挥舰队即将通过暗礁区，忽然感到舰身连续4次震动，传来了巨大的爆炸声。

几乎同时，"鲦鱼"号的几枚鱼雷击中了日重巡洋舰"摩那"号。"海鲫"号又朝另一艘重巡洋舰发射几枚鱼雷。三艘巡洋舰上火光冲天，烈焰滚滚。

曾经击沉日本"爱宕"号重巡洋舰的"海鲫"号潜艇

日"摩那"号重巡洋舰被鱼雷拦腰炸断,沉没了。栗田的旗舰"爱宕"号重巡洋舰被鱼雷命中,该舰变成了火海,很快就沉没了。栗田健男率部下跳进大海,游到另一艘军舰上。

"东方"号重巡洋舰尾部被鱼雷命中,被迫在1艘驱逐舰的护送下返回文莱海军基地。

与此同时,其他日舰向2艘美潜艇发起了进攻。"绦鱼"号和"海鲫"号历尽磨难,艰难地逃出了日舰群布下的深水炸弹区。

"海鲫"号浮出水面准备进攻日"东方"号巡洋舰,突然在巴拉望暗礁区搁浅。"绦鱼"号潜艇马上去搭救"海鲫'号上的舰员。

对于栗田来说,中央舰队真是出师不利。栗田知道中央舰队的行踪已经被美潜艇报告给美海军,哈尔西的第3舰队的舰载机很快就会前来轰炸。

这时,栗田决定从巴拉望水道继续朝东北前进。23日16时,栗田及其司令部人员转移到"大和"号战列舰上。

24 日晨，中央舰队驶向塔布拉斯海峡。栗田知道，中央舰队即将进入哈尔西的第 3 航母舰队的舰载机作战半径之内，早晚会遭到美军舰载机的轰炸。

哈尔西接到"海鲫"号潜艇的报告后，立即下令：第 3 舰队向指定海域集结。哈尔西刚下达完命令，美侦察机发现了约 270 海里以南的一支日本舰队。那是西村崇次率领的日海军南方舰队先头部队，正向苏里高海峡驶来。哈尔西马上命令第 3 舰队第 4 战斗群南下迎战西村崇次的舰队。

这时，哈尔西最担心的是没有发现日海军航空母舰的位置。只有掌握了日航空母舰编队的位置，才能下达正确的作战命令。哈尔西又出动多架侦察机进行侦察，终于查清了日航空母舰编队的位置。

这时，小泽指挥的日航空母舰编队，也就是北方舰队，正在距离吕宋岛 160 海里的海域行驶，准备把哈尔西的第 3 舰队诱出莱特湾。

丰田副武用作诱敌的北方舰队始终没有被哈尔西发现，而努力隐蔽的中央舰队和南方舰队却暴露了。哈尔西在得知日中央舰队和南方舰队的行踪后，找到了日航空母舰。

24 日上午 9 时，从菲律宾吕宋岛机场起飞的日机攻击了第 38 航空母舰特混编队第 3 战斗群。美舰的防空火力非常严密，但仍无法挡住日机"神风"突击队的自杀性进攻。

一架日军轰炸机冲过美舰的防空炮火，撞在"普林斯顿"号航空母舰的飞行甲板上，飞机立刻爆炸。爆炸过后，舰上的黑烟高达 300 米，火势越来越大，舰员们纷纷把甲板上的飞机推向大海……

离"普林斯顿"舰很近的"伯明翰"号巡洋舰马上驶来援助。由于火势太猛难以控制，突然烧到弹药舱，引爆了弹药舱。

15 时 23 分，"普林斯顿"号母舰发出惊天动地的爆炸声！无数钢铁块、炸弹和鱼雷的碎片，到处飞溅。甲板上到处都是死尸，许多活着的人也变成了血人，血水流进了甲板排水沟……

这一大爆炸也给"伯明翰"号巡洋舰带来了灾难：200多名舰员当场死亡。

"普林斯顿"号在海面上漂浮了半天，完全失去了战斗力，最后美军用鱼雷把它击沉了。

上午10时30分，美军第3舰队的舰载机向栗田的中央舰队发动大规模的空袭。这时，栗田的中央舰队正通过民都洛岛与吕宋岛间的锡布延海。

45架美军飞机突破日舰的防空炮火力网，向"武藏"号和"大和"号等战舰发动了攻击。

"武藏"号在被2颗炸弹和1枚鱼雷命中后振动了几下，继续航行。为"武藏"护航的"妙高"号重型巡洋舰由于受到重创被迫返回文莱基地。

栗田的中央舰队遭到第一次大规模攻击后，向东北驶去。12时，美军机群发动了第二次攻击。30多架美机连续轰炸约9分钟，轰炸的主要目标是"武藏"号和"大和"号战列舰。

笨重的"大和"号躲过了所有的炸弹和鱼雷，有两颗炸弹落在"大和"号附近的海面上，没有对它造成任何伤害。

7架美军轰炸机躲在云层中，从"武藏"号的舰尾方向突然钻了下来，两颗重磅炸弹落在"武藏"号的前部和后部，穿透甲板在舱内爆炸。

几架鱼雷机从"武藏"号的左前方投掷6枚鱼雷：1枚从舰首前面划过，2枚从舰尾后面划过，其他3枚命中左舷。3枚鱼雷把该舰的舰舷外壳炸坏，没有穿入舱内。爆炸所引发的大火蔓延到两个锅炉舱和一个机舱，迫使一部主机停转，航速减半。

1个半小时后，30多架美机又来了。这些美机继续攻击"武藏"号，"武藏"号被5枚鱼雷、4颗炸弹击中，舰首甲板几乎贴近水面，航速降低。

与此同时，"大和"号战列舰被两颗炸弹命中起火，舰身侧倾。"矢矧"号巡洋舰被炸得多处漏水，航速降低。

14时30分，65架美机前来空袭，集中轰炸"武藏"号和"大和"号战列舰。"武藏"号被7枚鱼雷命中，开始下沉。

一颗炸弹击中了"大和"号，舰首的几层甲板都被炸破，舰前部灌入3000吨海水。半个小时后，几十架美机飞来。"武藏"号又被11枚鱼雷和10颗炸弹击中。

"武藏"号伤势惨重，缓缓地向锡布延岛驶去，准备在锡布延岛北海岸搁浅。

18时50分，"武藏"号舰首沉入水中，前部炮台像小岛一样露出水面。这艘用了5年时间才建成的战舰，即将沉没了。舰长把舰员召集在一起，举行了诀别式。

19时35分，263米长的"武藏"号沉入了锡布延海，1200多名舰员

受到攻击的"大和"号战列舰和"武藏"号战列舰

为它陪葬。

在遭受美军舰载机袭击时，栗田多次召唤岸基航空兵部队提供空中支援，但日机始终没有来。下午4时，参谋们劝告，在没有空中支援的情况下，向东前进等于全军覆没。栗田下令向回撤退。

中央舰队在撤退时没有受到美机的空袭，半夜，栗田开始制定下一步的计划。栗田认为，中央舰队可以趁夜色渡过圣贝纳迪诺海峡，第二天早晨到达莱特岛湾。那时，小泽的北方舰队应该把哈尔西的第3航空母舰编队诱到了北方。

想到这里，栗田下令舰队改航，执行原来的作战计划。

当哈尔西得知栗田的中央舰队向西逃跑时，以为栗田的中央舰队丧失了战斗力。这时，哈尔西在恩加诺角以西160海里的海域发现了小泽的日航空母舰编队。

哈尔西决定抓住时机，把日航空母舰全部击沉。而对于日军南方舰队，哈尔西认为金凯德的第7舰队能够完全战胜它。

这样，海战的形势有利于丰田副武的"捷1"号行动计划的实施。尽管栗田的中央舰队已经受到重创，但它还有战斗力。这时，正在莱特湾掩护登陆部队的美第7舰队司令金凯德得知哈尔西北上追击小泽的日航空母舰编队，因为他相信哈尔西会留下一支航空母舰战斗群掩护美第7舰队。

栗田的舰队改航向东驶进不久，被哈尔西的侦察机发现，并报告哈尔西。哈尔西以为栗田的中央舰队只是按照日本武士的传统，返回进行最后的自杀性的进攻而已。哈尔西没有把这个情报通告给金凯德。

24日21时45分，栗田命令南路舰队的西村舰队降低航速，把预定向美军舰队发动进攻的时间推迟到25日上午11时。

西村舰队没有收到栗田的电报。25日凌晨2时，西村舰队排队驶入苏里高海峡，遭到美军舰队6艘战列舰、8艘巡洋舰、28艘驱逐舰和39

艘鱼雷快艇的攻击。

这是"二战"中规模最大的战列舰的夜间战斗,爆炸声响个不停。美舰装备了先进的雷达,使美舰的炮弹在夜空中准确无误地命中日舰。

日"山城"号战列舰遭到炮击后,发生了连续爆炸,燃起了熊熊大火。凌晨3时40分,"山城"号战列舰沉入太平洋。

日"扶桑"号在遭受雨点般的炮击后,于凌晨4时30分沉入太平洋。日"最上"号重巡洋舰变成了火海,将注定沉没。日"朝云"号驱逐舰也沉没了。西村编队已经不存在了,只有"时雨"号逃之夭夭。

在"时雨"号逃走仅1小时,南方舰队的后续舰队以每小时30海里的航速驶入苏里高海峡。

后续舰队发现了漆黑的海面上正在燃烧的日舰。凌晨5时,巡洋舰"阿武限"号被美舰的鱼雷击中。后续舰队的总指挥志摩下令各舰撤退,他的旗舰"那智"号突然把燃烧的"最上"号左舷撞坏。志摩连忙指挥南方后续舰队加大航速,逃跑了。

10月25日拂晓,栗田指挥中央舰队拼命向莱特湾驶去。这时,哈尔西得知栗田的中央舰队正驶向莱特湾,但他认为栗田舰队已经没有战斗力了,金凯德的第7舰队就能够应付。

哈尔西命令美第3航母舰队加速前进,要求所有飞机做好起飞准备,于拂晓时分向日航空母舰发起空袭。

栗田听到报告说中央舰队前方约14海里处发现美第3舰队的航空母舰战斗群。栗田命令舰队全速前进,歼灭美军航空母舰。

事实上,栗田遇到的是斯普拉格少将的一支分遣队,这支分遣队归金凯德的第7舰队管辖。

日中央舰队向美舰全速冲去,斯普拉格也发现了由4艘战列舰、7艘巡洋舰和11艘驱逐舰组成的日中央舰队。

斯普拉格下令舰队准备战斗,他的分遣队目前处在日战列舰和美军登陆滩头之间。他只有6艘小航空母舰和6艘驱逐舰。

  他可以调来南部海面的两支分遣队,可是那些航空母舰的最高时速只有14海里,无法躲过日舰的重炮。为了避免无谓的牺牲,斯普拉格决定指挥这支分遣队对付栗田的中央舰队,等待援军的到来。

  清晨6时58分,"大和"号战列舰射出重达1吨半的炮弹,轰隆一声巨响,在美小型航空母舰附近炸出很高的水柱。由于暴雨的掩护,使美航空母舰甲板上剩余的舰载机全部起飞。

  飞机装上有限的鱼雷攻击日舰。鱼雷用完以后,斯普拉格被迫让飞机装上深水炸弹和杀伤炸弹。可是,这两种炸弹无法伤害日战列舰。很快,从附近机场赶来支援的美机参加了攻击。结果,栗田误以为面前的就是美第3舰队的主力部队。

  第7舰队司令金凯德收到了斯普拉格的电报后,马上命令奥尔登多夫部队前来救助,同时给哈尔西发出一份电报,要求马上增援。

在莱特湾海战中,美军投入的航空母舰舰群

这时，3艘美驱逐舰冲向日重型巡洋舰，美驱逐舰的舰炮对日巡洋舰不起作用，但它发射的鱼雷却击中了"熊野"号的舰首，"熊野"号被迫返航。日"羽黑"号重巡洋舰的舰艉被击中，也被迫返航。

8时20分，斯普拉格的"甘比尔湾"号小型航空母舰沉没，旗舰"方肖湾"号受到重创，很多小型航空母舰的舰载机在莱特岛的简易机场迫降，损失很大。

这时，斯普拉格只剩几艘驱逐舰了。舰载机用光了炸弹。11时20分，形势对栗田十分有利：斯普拉格丧失了抵抗力，奥尔登多夫舰队和哈尔西远在他处。如果栗田驶入莱特湾，那么麦克阿瑟的登陆部队和80多艘运输舰，就会任栗田的舰炮宰割。

这样，"捷1号"作战计划就实现了，胜利在望！

可是，海战史上最莫明其妙的事件发生了：栗田下令停止驶向莱特湾，下令向北前进。此令一出，所有的日舰官兵都惊呆了！

很多年后，当人们问起这件事时，栗田感慨地说："当时，我并不知道哈尔西已经率第3舰队北上了，更不知道驶向莱特湾就胜利了，现在回想起来，真是后悔莫及！"

10月25日晨，哈尔西陷入两难境地。哈尔西对小泽的北方舰队发起第一轮攻击的舰载机刚起飞，就收到了金凯德发来的电报。哈尔西知道，第3舰队已远离莱特岛附近海域，来不及救助斯普拉格，更来不及支援登陆的盟军。

他只好命令第1战斗群返回莱特湾。

上午8时，哈尔西的第一轮攻击派出了130架舰载机。美军飞机把主攻的目标定在日重型航空母舰"瑞鹤"号上。美俯冲轰炸机和鱼雷机的轮番攻击使"瑞鹤"号的飞行甲板多处受损。经过近1个小时的攻击，"瑞鹤"号变成了火海，严重倾斜，还有2艘日战列舰也受到重创。

很快，第二轮攻击的170架美机飞到小泽的北方舰队上空，对剩下的

3艘轻型航空母舰发动攻击。"千岁"号立即沉没，另外2艘航空母舰和多艘护卫舰受到重创。

这时，哈尔西连续收到上司尼米兹发来的求援电报。哈尔西被迫率领战列舰舰队南下，赶去援救。哈尔西歼灭小泽的北方舰队的任务交给米彻尔的航空母舰战斗群。

中午，米彻尔出动200多架飞机对小泽的北方舰队进行两次攻击。日"瑞鹤"号航空母舰于14时14分沉没，"瑞凤"号航空母舰于15时26分沉没。

为了歼灭北方日舰，米彻尔派杜博斯兵力群离开航母编队，全速北进。杜博斯兵力群驶向"千代田"号航空母舰，用火炮和鱼雷把它击沉。日军"五十铃"号前去援救"千代田"号航空母舰。"五十铃"号找不到"千代田"号航空母舰，与日军"若月"号、"初月"号驱逐舰相遇。夜晚，杜博斯兵力群找到3艘日舰，把"初月"号击沉，其他2艘日舰撤退。

美军轰炸机攻击日本"瑞鹤"号航空母舰

26日天亮后，小泽率残部向北驶去，准备撤往日本冲绳岛。美第3舰队的各航空母舰大队都为消灭栗田的中央舰队向南驶去。

栗田的中央舰队以最快的速度向北驶去，结果不断遭到向南驶去的第3舰队的舰载机的空袭。

晚9时30分，栗田率残部逃到圣贝纳迪诺海峡入口处，渡过海峡向西继续逃跑。

这时，经过长达三天的海战，美舰队胜利了。

莱特湾海战使日海军的主力舰队灭亡。日本联合舰队有4艘航空母舰、3艘战列舰、6艘重型巡洋舰、4艘轻型巡洋舰、11艘驱逐舰和1艘潜艇沉没，其他日舰都受伤了。另外，日军还损失了500架飞机。

盟军只损失了3艘小航空母舰、3艘驱逐舰和200架飞机。

山下奉文布防吕宋岛

在日军的"神风突击队"的攻击下，盟军舰队的1艘航空母舰被击沉，1艘航空母舰遭受重创。

盟军占领莱特岛后，菲律宾群岛的日军防线被一分为二，日军失去了重要的屏障。

山下奉文对战场的形势进行了新的分析：长期以来，日军防御的岛屿接连丢失，到底是什么原因呢？山下奉文认为，日军奉行的是与敌人在滩头决战的作战思想，但是日军在海空力量上居于绝对劣势，决战时盟军凭借海空军的优势把日军兵力消耗掉，结果使日军丧失了战斗力。

为此，山下奉文把菲律宾群岛战役的赌本都压在吕宋岛之战上。于是，25万日军很快集结在吕宋岛。

山下奉文制定了新的作战计划，这个计划不急着与盟军在滩头交战，而是等盟军上岸以后，再把盟军消灭。

为了使这个计划顺利实施，山下奉文根据吕宋岛的地形特点，把25万名日军分成三个防区：在吕宋岛的北部部署重兵，共14万多人，任务是阻止盟军由林加延湾登陆；在中西部部署3万人，任务是坚守中部和西部的机场；在南部地区，部署8万多人，任务是坚守马尼拉以及马尼拉湾。

吕宋岛是菲律宾群岛最大的岛屿，是政治、经济和文化中心。

麦克阿瑟制定的计划是，一路盟军在林加延湾登陆，登陆后向吕宋岛中西部机场挺进；另一路盟军在吕宋岛南部登陆，牵制南部的日军，协同北路盟军夹攻马尼拉。

金凯德的第7舰队和第7两栖编队负责海上运输和掩护；哈尔西的第3舰队和肯尼的陆基飞机负责空中支援。

在攻打莱特岛时，麦克阿瑟受够了没有岸基飞机支援的苦头，因为海军飞机不归麦克阿瑟直接指挥。这一次吕宋岛战役，麦克阿瑟决定绝不越出岸基飞机掩护的范围。

由于莱特岛距离吕宋岛500公里，大大超过莱特岛简易机场战斗机的活动半径，必须在莱特岛与吕宋岛中间建立一个空军基地，以便为攻打吕宋岛提供岸基飞机掩护。

民都洛岛位于莱特和吕宋之间，该岛上有几个简易机场，经过扩建能够作为盟军的空军基地使用。菲律宾游击队报告说，岛上的日军很少。

麦克阿瑟派邓克尔准将率领特遣舰队占领民都洛岛。12月12日，邓克尔率特遣舰队渡过苏里高海峡朝民都洛岛驶去。

特遣舰队拥有小型航空母舰6艘、战列舰3艘、重巡洋舰3艘和驱逐舰8艘。另外，登陆部队、后勤部队和航空兵部队共3万多人，分乘135艘舰船、23艘鱼雷快艇和其他勤务舰船。

哈尔西率领美太平洋第 3 舰队从乌里西启航，准备轰炸吕宋岛上的日军机场，以使民都洛岛登陆战取得成功，为日后攻打吕宋岛奠定基础。

12 月 13 日早晨，邓克尔的舰队在靠近海滩的海面上停泊后，立即展开登陆。民都洛岛上的 500 名日军知道无力坚守滩头，连忙躲到山里，准备在美军进行围剿时同归于尽。

美军工兵马上投入机场扩建工作。当天晚上，已经有两个机场能够投入使用了。5 天后，盟军把战斗机转移到民都洛岛。由于很多机场以惊人的速度建成，越来越多的飞机转移到民都洛岛。

麦克阿瑟可以指挥自己的飞机轰炸吕宋岛上的日军了，形势对盟军非常有利。

由于日本空军"神风突击队"的攻击，保障民都洛岛登陆的美特混舰队受到了很大损失。两艘登陆舰被击沉，一艘驱逐舰受重创，"纳什维尔"号巡洋舰受到重创。

"神风突击队"于 1944 年 10 月成立，是由日本第一航空舰队司令大

麦克阿瑟在吕宋前线视察

西海军中将创立的。

公元 13 世纪，元朝 10 万骑兵分乘数千艘战舰进驻朝鲜半岛南端及济州岛，准备择日渡过对马海峡，横扫日本。面对海峡对岸樯桅如林的蒙古战舰，日本人惊恐万分。

男人们拿起棍棒刀剑，要与元朝军队死战到底。女人们跪倒在佛爷面前，祈求皇天保佑。突然，一股旋风袭来，天昏地暗，日月无光。对马海峡凭空掀起海啸，几十丈高的巨浪，扑向元朝战舰，撞碎了舰船，卷走了岛上元朝军队的营帐。

无数元军战马挣脱了缰绳，狂奔到鸭绿江边。元军认为日本人有天神相助，被迫放弃攻打日本的计划。日本人认为是佛爷有眼，派来神风，拯救了大和民族。从此，神风被日本人视为神符。

大西曾参与策划偷袭珍珠港的行动，号称日本海军航空部队的"瑰宝"。

1944 年 10 月 19 日深夜，大西召集第 201 航空队开会，组建了"驾机撞舰"的攻击队，即"神风突击队"。

就是机上装载 1000 公斤炸药，放在飞行员座舱的前面，如果发现盟军军舰，就一头撞下去，飞机撞到坚硬的物体立刻爆炸。

"神风突击队"的特攻队员起飞以前，吃的是竹叶包的饭团，添加粗菜，饭后把姓名、遗物写在身边所带的包袱上。在指挥官面前写下遗书，在额上系白色的帕子，出发时不准带降落伞，特攻队员无法从机身跃出逃生。飞机起飞后，降落轮自动脱落，飞机无法着陆。飞机离开地面后，环绕机场三圈，机场全体人员必须对特攻机立正行礼。

一般由 3 架特攻机、2 架支援机组成小分队。支援机负责领航、与敌机战斗，由经验丰富的飞行员担任。特攻队员负责执行自杀性攻击。

在莱特湾海战中，"神风突击队"于 25 日、26 日获得了巨大的战果，击沉 1 艘航空母舰、重创 4 艘、轻伤 1 艘。

为了对付日军，麦克阿瑟组织了一系列欺骗活动：盟军的轰炸机连续攻炸吕宋岛南部；巡逻机在班乃—塔亚巴斯上空进行侦察；运送空降部队的运输机在班乃—塔亚巴斯上空飞行；鱼雷快艇在吕宋岛的南方和西南方巡逻；扫雷舰在巴拉干、班乃和塔亚巴斯等海湾活动；登陆舰和商船在巴拉干、班乃和塔亚巴斯地区的附近海域活动，当日军开火后立即撤退。吕宋岛南部的游击队也奉命进行虚张声势的佯攻，使日军的注意力向南部移动。

山下奉文果然上当，把主力部队调到了南部。1945年1月3日，金凯德指挥庞大的舰队从莱特湾启航，向吕宋岛的林加延湾驶去。这支舰队拥有400多运输船只，164艘作战舰只，包括6艘战列舰和17艘航空母舰。

从哈尔西的航空母舰上起飞的飞机和途经中国成都机场的美第20航空队的飞机空袭了台湾的日军机场；从民都洛岛机场起飞的飞机攻击了日军在吕宋岛的空军基地和机场。

在日军的"神风突击队"的攻击下，盟军舰队的1艘航空母舰被击沉，1艘航空母舰遭受重创，"新墨西哥"号战列舰和1艘重型巡洋舰、4艘轻型巡洋舰和2艘舰船都遭受重创。

由于吕宋岛及其周围战区内的日空军基地遭受重创，日军"神风突击队"的攻势大大降低了。

1月9日夜，盟军的舰队驶入吕宋岛的林加延海湾。

美军紧张地望着天空，站在舰桥上的美军更是担惊受怕，日军"神风突击队"的飞机喜欢朝舰桥撞击。

黎明，舰船向海滩靠近。6时50分，3架日军飞机起飞。第一架日机于7时左右飞向美护卫舰"霍季斯"号，撞倒了前桅。第二架日机被"奥林帕斯山"号上的高射炮火打跑。第3架撞向轻巡洋舰"哥伦比亚"号。"哥伦比亚"号离滩头1200米，附近都是登陆艇，无法躲避。日机撞向舰首主炮的指挥仪，把指挥仪炸进水中，致使美军24人死亡，68人受伤。

早晨7时，盟军的舰炮向日军的防御工事开始了大规模的轰炸。登陆部队分乘2500多艘登陆艇朝海滩上扑去,除了登陆艇以外,还有水陆坦克、水陆汽车、履带式装甲输送车。

由于日军执行的是与盟军进行内陆决战的命令,第一批登陆的美军几乎未遇到日军的抵抗。

傍晚,6万多名美军和大量装备上岸了,构筑了纵深7公里的阵地。

1月10日,美第14军冲向内陆,从吕宋岛中央平原的西部向南推进。在美第14军南下的第一周内,日军按计划边打边退,美军趁机前进了60公里。

在以后的几天中,美第14军行动缓慢。因为克鲁格将军担心卡拉巴

美军炮火拼命阻击日本"神风"特攻队的自杀式攻击

略山脉上的日军攻打左翼,还担心日军进攻背后,切断第14军与补给基地的联系。

克鲁格要求第1军从左翼推进,歼灭卡拉巴略山脉里的日军。日军在山上修建了坚固的工事,在山坡上挖了很多石洞,储存了弹药和补给品,把洞穴与山脚下的坑道工事连在一起,形成了既能坚守,又能彼此支援的防御阵地。

阵地内埋藏了很多坦克,只露出一个炮塔,火力很猛。这些防御阵地很难攻下,再加上日军抱着死战到底的决心,美第1军的推进受阻。

在攻打吕宋岛以前,麦克阿瑟曾向华盛顿做过保证,说两周内就能占领马尼拉。麦克阿瑟乘坐敞篷吉普车到达前线的每个阵地,亲自指挥。

很快,盟军的推进速度明显提高了。1月21日,美军到达打拉。

1月24日,盟军到达班班河,距离日军的克拉克机场很近了。机场上停放着几百架战斗机,有几十架"神风突击队"的战斗机。这是山下奉文对付盟军的最后利器了。日本防守严密,战斗呈现白热化。

在圣曼努埃尔附近,日军在坦克旅的掩护下,发动了反攻,几十辆日军坦克从河床和道路向美军第6师冲来。美军的重火器和火箭筒准备不足,被迫撤退2公里。

麦克阿瑟马上开车赶来,从其他部队调来大炮和火箭筒。日军的坦克都被击毁了,反攻失败了,美第6师趁机向前进攻,把阵地重新夺回来了。

稳住阵地后,麦克阿瑟命令美军加快速度,尽早占领日军的克拉克机场。

第40师奉命发动进攻,与日军展开了激烈的战斗。日军的抵抗,使美军的伤亡不断地增大。经过4天的战斗,美军占领克拉克机场。

占领机场后,美军缴获了600多架日军飞机。在平原地带的日军奉命退守两侧的山区,第14军向马尼拉全速前进。

最后的马尼拉

> 巴丹老兵们对他说:"您回来了。"麦克阿瑟愧疚地说:"我回来晚了,我要送你们回国与家人团聚。"

为了早日占领马尼拉,盟军发动了南部助攻行动。

1945年1月29日,美第8集团军第11军在吕宋岛西部的圣安东尼奥登陆。美第11军只遇到了轻微的抵抗,第11军直接威胁着日军的翼侧,而且使日军在巴丹半岛的往返调动受到严重的影响。

1月31日,美军第11空降师的2个团在马尼拉南面的纳苏格布空降成功。2月3日,第11空降师的另一个团在马尼拉以南约50公里的塔盖特突出部空降成功。4日,第11空降师进驻马尼拉南部的帕拉尼亚克。

同时,美第14军推进的速度很快。1月31日,美军经过几天的战斗歼灭了斯图森堡要塞的日军。2月2日,美军一部进驻马尼拉北部的马洛洛—普洛洛一带。

为了增强美军主攻部队的力量,麦克阿瑟命令美军第1骑兵师在林加延登陆。2月1日,美军第1骑兵师抵达卡巴纳端,立即南下,从另一翼包围马尼拉的日军。

与此同时,美第1军仍在第14军的左翼负责封锁卡拉巴略山脉的日军。

在这次战役中,麦克阿瑟很关心3年以前被日军俘虏的盟军官兵。山下奉文多次扬言:"不叫麦克阿瑟看见一个活着的巴丹老兵。"由于日军的凶残,如果不抢先一步营救受尽虐待的俘虏,他们很可能被日军杀害。于是，麦克阿瑟精心制定了营救计划。

麦克阿瑟从美军骑兵第1师中挑出精兵，组建了两支快速突击队。攻打马尼拉的战斗打响后，快速突击队冲在最前边，冲向关押战俘的大学。

一切都是根据麦克阿瑟的计划进行的。这支快速突击队在公路上飞速地前进，在日军没有来得及炸桥以前通过了桥梁。

2月3日19时，快速突击队率先冲入马尼拉市。在菲律宾游击队的掩护下，快速突击队在大街上向前疾驰，冲散了惊慌失措的日军，到达大学。一辆坦克撞倒校园的前门，战俘们得救了。

2月4日，美军先头部队占领了老比利比德监狱，1500名战俘获救，

麦克阿瑟随登陆部队重返菲律宾，在滩头涉水前行

其中800名战俘是巴丹半岛上"好斗的杂种"。

麦克阿瑟随美军进入马尼拉市区后,做的第一件事是去圣托马斯大学看望战俘。当麦克阿瑟到达圣托马斯大学时,饿得半死的俘虏们大声喊叫。麦克阿瑟刚走进营房,立即被情绪激动的俘虏们挤在墙边。他们衣服破烂,肮脏不堪,泪流满面,紧紧握住麦克阿瑟的手。

有人张开双臂拥抱麦克阿瑟,一头扎在他的怀中,哭了起来……俘虏们边哭边笑,他们争着对麦克阿瑟说:谢谢你。俘虏们拉麦克阿瑟的上衣,吻他。

麦克阿瑟涉水登陆后继续沿滩头巡视

接着，麦克阿瑟来到比利比德监狱。那里有800名巴丹老兵，立正迎接将军。麦克阿瑟缓缓地检阅老部下时，巴丹老兵们对他说："您回来了。"麦克阿瑟愧疚地说："我回来晚了，我要送你们回国与家人团聚。"

当天，麦克阿瑟发表了演说，宣布："盟军正在快速进军马尼拉，日军很快将被歼灭"。

罗斯福、丘吉尔和蒋介石向麦克阿瑟发来了贺电。

马尼拉市到处一片狂欢，人们走上大街，高呼"万岁"。

2月12日，马尼拉市区还有2万名日军。他们已经退守南海滨区码头及其附近地区。日军据守医院、政府大楼、陆海军俱乐部、拉萨尔大学、马尼拉旅馆、老"禁城"和要塞圣地亚哥堡。他们储备了大量的补给品，决心战斗到最后一兵一卒。

麦克阿瑟为了减少平民的伤亡没有出动轰炸机。麦克阿瑟对参谋们说："我们用大量的大炮，在城墙上炸开突破口。别着急，慢慢进攻，这样军队的伤亡就能降到最低程度。"

参谋们认为，日军肯定会战斗到最后一个人，并且会杀害菲律宾人。麦克阿瑟说："我也相信日军会杀死很多百姓，但不可能把百姓都杀死，盟军会救出大部分百姓。"

2月21日，美军冲过了巴石河，攻到马尼拉饭店附近。麦克阿瑟为了挽救他在马尼拉饭店顶层的老家，就跟着进攻部队一同前往马尼拉饭店。

火焰冲天，在枪炮声中，麦克阿瑟心情沉重，在美军的掩护下来到饭店，顺着楼梯朝顶楼爬。这时，楼上的日军仍在抵抗，每上一层都必须经过一场血战。

最后，麦克阿瑟来到了顶层，除了灰烬，什么都不存在了。被打碎的两个花瓶的碎片散落在日军的身旁。花瓶是日本天皇送给老麦克阿瑟（麦克阿瑟的父亲）的礼物。

麦克阿瑟出逃时，曾把两个花瓶故意放在门口，好让日军手下留情，可是家里的东西都被日军烧掉或抢走了，只剩这两个花瓶。

一位年轻的美军军官，挥舞着正在冒烟的枪，冲麦克阿瑟大声喊着："将军，打得很痛快。"

可是，麦克阿瑟却很难过。他可爱的老家彻底毁灭了，他痛苦地看着难以接受的现实。

2月27日，美军占领了马尼拉市区。在巷战中，近1.7万名日军战死。美军伤亡6575人，另有10万平民被打死。马尼拉遭受了重炮的猛烈轰击，只有宏伟的马拉卡南宫完好无损，其他地方都变成了一片废墟。

1945年2月27日上午，麦克阿瑟来到马拉卡南宫，向菲律宾奥斯默纳总统、菲律宾新内阁宣布：菲律宾政府正式成立。

麦克阿瑟的目光又盯上了巴丹半岛和科里吉多岛。巴丹是菲律宾群岛的战略要地，科里吉多岛是麦克阿瑟当年逃亡的地方。

2月14日，美第11军从巴丹半岛的东海岸和西海岸发动夹攻。由于日军少得可怜，毫无抵抗力。2月21日，美第11军占领了巴丹半岛。

2月16日上午8时30分，对科里吉多的战斗打响了。1000名美军在岛上空降，日军立即组织了进攻，重创了美军。

下午，又有2000多名伞兵在岛上空降。在科里吉多岛上的美军达到3000人，而守岛的日军有5000多人。

在长达10天的战斗中，守岛的日军拒不投降。但是，日军没有人指挥，只是躲在一条条坑道里，互不支援，而且对美军的情况也一无所知。

美军每歼灭一条坑道的日军都会付出代价，2月26日，美军消灭了岛上的日军。战场上发现4500多具日军的死尸，另500多人被活埋在坑道里。

麦克阿瑟向海军借了4艘鱼雷快艇，找到当初与他一同逃离科雷希多的人。他们顺着当初离开时的原路回到科里吉多岛。

第七章　日军退守菲律宾

美军士兵搜索残余的日军

他们是在非常阴暗的夜晚逃离的，回来时阳光明媚。在破损的兵营前，麦克阿瑟接受了美军503空降团团长琼斯上校的热烈欢迎。

麦克阿瑟向琼斯颁发了勋章，命令琼斯："我发现以前的旗杆仍竖立在那里，快把军旗升起来，再也不叫任何敌军把它拽下来！"

在向美军训话时，麦克阿瑟赞扬了几年前巴丹半岛和科里吉多岛的抵抗者，说："今天的胜利也属于那支灭亡的军队。""那支军队尽管灭亡了，但它却完成了自己的使命。"

占领科里吉多岛后，麦克阿瑟指挥他的部队继续向盘踞在其他岛屿上的日军进攻，清剿残留在各岛上的日军。又经过4个月的艰苦作战，到7月4日，麦克阿瑟正式宣布菲律宾战役结束。

在菲律宾战役中，日军伤亡45万人，大部分是战死的。日军损失68艘舰艇，7000架飞机，包括自杀机700多架。美军死亡1.7万人，损失舰只21艘、飞机900多架。

第八章
日本的末日

困兽鏖战硫磺岛

登陆的美军得到了军舰和飞机的强大火力支援,可是整整一天,3万名美军都挤在硫磺岛西面一小块阵地上。

日陆军中将栗林忠道于1944年6月出任硫磺岛日军总司令。

栗林忠道来到硫磺岛后的第一件事是在前任烟英良的陪同下,认真巡视了硫磺岛的防御工事。烟英良中将的作战思想为:以攻为守,主动进攻。

烟英良用了半年的时间,在硫磺岛周围的登陆地点和海滩上,配置了许多大炮和兵力,建立了许多近岸防御工事。烟英良还计划在浅水地带和滩头阵地痛击入侵的美军,使美军无法在硫磺岛登陆。

栗林中将对前任烟英良修筑的近岸工事和在近岸与美军决战的思想不屑一顾。栗林中将认为,美军拥有巨大的优势,足以摧毁日军部署在滩头阵地的任何重装备和防御工事,消耗近岸日军。在海岸上修建工事,配置重兵,不让美军登陆的构想太愚蠢了。

几天后,美军进攻硫磺岛东南1200公里的塞班岛,栗林观点的正确性得到了验证。塞班岛日军在海岸阵地与美军决战,损失了所有的重武器和大部分兵力,无力阻挡美军的攻势。短短25天,美国占领了约2300平方公里的大海岛。

栗林中将认为,硫磺岛长不足9公里,宽不足4公里,面积不到塞班岛的1/10,日军若按塞班岛的战术守卫硫磺岛,不用3天,硫磺岛就会被美军占领。

栗林中将反复思考,最后决定利用特殊的地形对付美军。硫磺岛是由火山喷发的熔岩冷却后堆积而成的,沟壑纵横,有许多溶洞和悬崖峭壁,岛上铺着厚厚的黑色火山灰,车辆无法行驶。火山灰下面,是深入地层的硫磺矿。岛上的空气中含有刺鼻的二氧化硫。岛上没有淡水,不适合人类居住。三年前,硫磺岛附近海域浓烟滚滚,烈焰冲天。一个新的海岛升起了,新海岛有120米高。两年后,新海岛竟在一夜之间消失了。

硫磺岛像一只砍掉双腿、被拔光毛的火鸡,火鸡头地处岛的西南端。火鸡头是个高为168米的摺钵山,摺钵山有个尖岬角,像鸡嘴一样伸入海浪中。北部从鸡背到东北部鸡尾处,是一片高地,由许多小山岗和很深的峡谷组成。许多小山岗的高度在百米左右,可以埋伏重兵。南部鸡脖子与鸡胸处,有逐级下降的台地与海滩相连,勉强能作美军的登陆地点。

塞班岛失守后,日军认为硫磺岛将是盟军下一个进攻要地,所以向岛上抢运物资。守岛日军几个月内也增加到2.3万人。日军向岛上运来了近千门大炮,22辆坦克和大批弹药、粮食和淡水等补给品。

栗林中将吸取塞班岛日军惨败的教训,制订了纵深防御、打持久战的作战计划,对硫磺岛的防御工事彻底改建。

在硫磺岛鸡脖子处的海岸上,栗林忠道部署了少量日军,作为警戒哨。日军火炮和兵力部署在火鸡头、海岛北部和东北部。

为了防御美军的舰炮和航空火力,栗林忠道从日本征召大批采矿工程师,根据硫磺岛溶洞密布的特点,建造了错综复杂的地下工事。很多洞穴经过改造后,四通八达,可以随意通行,便于互相支援。

洞壁、洞顶用两三米厚的最优质混凝土全面加固,修建了良好的通风设施,储存了长期防守的补给品。岛上的许多地下工事能够延伸到地底30米,不怕美军的轰炸。

地道的出口和要害部位用混凝土浇铸成400多个隐蔽的地堡群。每个地堡用铁门封住,铺设了轨道。一旦打开铁门,大口径轨道炮就能推出,对美军进行狂轰滥炸。

硫磺岛受到空中和舰炮火力的猛烈打击，浓烟笼罩

栗林忠道不准守岛的日军向美军发动自杀性进攻。他认为硫磺岛牢不可破，一定会成为美军的坟墓。

硫磺岛是弹丸小岛，但地处东京和塞班岛之间，距离两地的距离均为1200公里。美军攻占塞班岛后，以塞班岛为航空基地，经常出动轰炸机空袭日本，可是效果并不好。

因为硫磺岛对东京起到了防空报警的作用。每当美机群路过硫磺岛海域上空时，硫磺岛日军就会向东京报警。硫磺岛的日军战斗机经常击落美军轰炸机。

美军希望把硫磺岛作为轰炸机群的中间加油站，出现故障或者受伤的飞机也可以在硫磺岛紧急降落。

1945年初，菲律宾群岛被盟军攻占。从此，整个太平洋的形势都被盟军控制，开始以巨大的优势向日本进军。

1945年2月，尼米兹率中太平洋的美军由马里亚纳群岛启航，攻打硫磺岛。

硫磺岛是盟军马里亚纳海空基地与日本东京的唯一中继站，它与西面的冲绳岛是日本南大门的两只"看家狗"，是日本本土"内防御圈"上的战略要地。

面对美军的巨大攻势，驻守硫磺岛的栗原忠道中将费尽心机，想把硫磺岛建成牢不可破的堡垒，占据堡垒誓死抵抗，阻止盟军攻打日本本土。

硫磺岛战役开始以前，日军已经把大批钢铁、混凝土运到了岛上，修建的防御工事越来越坚固。岛上有3个机场。在狭窄的海滩后边，修建了许多混凝土发射点和暗堡，防空炮和岸炮修建在地下，上边覆盖2米厚的混凝土。

在很多不能修建地下工事的地方，埋藏了大量坦克。这些火力点，互相支援，十分霸道。

各火力点之间地下坑道网相连，每个阵地都有很深的岩洞。在岛的南部，坑道里沟通着很多天然岩洞和人工挖的洞。一个岩洞常常有几个洞口，每个洞口都经过伪装，与天然地形和野生植物混在一起，十分隐藏。

在登陆以前，美军对硫磺岛进行了持久的火力轰炸。自1944年8月10日起，美军轰炸机经常轰炸硫磺岛。12月8日上午，28架美机对硫磺岛疯狂扫射。接着，164架轰炸机轰炸了硫磺岛。

与此同时，美军第5巡洋舰分舰队向硫磺岛发射了6834发重磅炮弹。

用了两个月的时间，美机向硫磺岛投弹6800吨；舰炮发射了23000发。但对于日军的防御工事却毫无损伤，日军仍在日夜修建。

1945年2月19日，为了小小的硫磺岛，尼米兹出动了海军陆战队25万人，16艘航空母舰和1200架舰载机、7艘战列舰和许多辅助舰艇，14艘航空母舰的第52特遣队，塞班岛的美国陆军第7航空队。

参战美军共拥有900多艘战舰，数千架飞机。尼米兹相信：有这样一支历史上最强大的舰队攻打小小的硫磺岛，只需5天，就能攻克。

黎明时分，美海军的7艘战列舰、4艘重巡洋舰、3艘轻巡洋舰和10艘驱逐舰炮击了硫磺岛，共发射38150发炮弹。100多架美机用火箭、炸弹和汽油弹轰炸岛上的重要目标。

6时45分，饱餐了牛排、鸡蛋的美海军陆战队4师和5师的3万多人，搭乘400艘登陆艇，在军舰和飞机的掩护下，向硫磺岛冲去。陆战队员望着浓烟滚滚的硫磺岛，乐观的官兵们扬言只需2天就能歼灭日军。

9时，3万名美军登上海滩，数以千计的水陆坦克和装甲车辆以及数千吨物资也上岸了。得意忘形的美军官兵背着几十公斤的装备，踩着厚厚的火山灰，向一级级火山爬去。

美军发动进攻时，日军根据栗林忠道的命令，躲进了地下，趁机咀嚼着干硬的米糕。

一会儿，栗林忠道下令日军出击。日军纷纷爬出地下，跳进防御工事，躲在巨石下的一扇扇地堡铁门突然打开，几百门火炮，几千支枪瞄向海滩上的美军。

日军把子弹、炮弹雨点般射向美军，美军当场死亡2000人，海滩上还有许多倒在火山灰上的伤兵。履带车辆乱跑乱撞，最后陷在火山灰中，被日军的火炮摧毁。登陆的美军得到了军舰和飞机的强大火力支援，可是整整一天，3万名美军就挤在硫磺岛西面一小块阵地上。

下午，海浪把许多刚抵滩的登陆艇卷翻。这时，登陆艇又遭到日军的炮击。

另外，50架"神风"攻击机冲到美舰队上空，满载炸弹，扑向美军舰，有2艘美国航空母舰被日机撞沉。

美军借助舰炮和飞机火力的掩护，纷纷散开，向日军堡垒推进。每次发现日军堡垒，美军就用迫击炮炮击，再用火焰喷射器和喷火坦克压制暗堡中的日军火力。再用推土机把火山灰堵住洞口，然后加筑混凝土。稳扎稳打，耐心地封死一个个日军暗堡。

一些日军士兵抱着炸弹，钻到美军的坦克下面。地堡堵住了，不久又被地堡中的日军挖开。一个暗堡被堵死了，日军从另一个隐蔽的暗堡射击。刚堵住前边的地堡，后面又遭到日军的偷袭。每个堡垒，每一处掩体都使美军付出了代价。

登陆已5天了，美军死了6000人。为了占领火鸡头，美军激战10天，每天只前进几百码。

2月20日黎明，美机从航空母舰上起飞了，舰炮也连续炮击。登陆的美军兵分三路，中路切断了日本南北阵地的通路，左路攻打摺钵山，右路进攻东北高地。藏在地下工事中的日军血战到底，美军的进展非常迟缓。

2月23日清晨，中路美军向2号机场发动了进攻。日军在机场前

硫磺岛滩头挤满了美军海军陆战队车辆及登陆士兵

900米宽的地带修筑了数百个火力点、岩洞和暗堡。美军在2号机场严重受挫。

与此同时，在岛西南端的火山锥地段，左路美军遭到日军180个暗堡的偷袭。美军拿混凝土堵住暗堡，用推土机推土，把射击口挡住。

10时20分，40名美军爬上摺钵山，插上美国国旗。2月24日，2号机场的战斗仍在进行中。美海军陆战队3师也登陆了。美军用重迫击炮轰炸，用大量的汽油灌注然后烧死躲在暗堡里的日军，费尽心思，摧毁了日军的整个防御体系，将日军分割包围。美军逐一扫荡躲在地下工事里的日军。

25日，美军慢慢地推进，把日本主力赶到北部。

3月1日，美军攻下了2号机场和元山地区。

3月21日，美军围攻栗林忠道中将的司令部。同一天，东京发来电报，栗林晋升为大将。

24日，美军用重迫击炮炸开了栗林司令部所在地的地堡，灌注了大量的汽油，焚烧地堡。栗林入地无门，逃生无望，在绝望中向东京发出效忠电报，剖腹自杀。

3月26日黎明，约有350人的日军爬出地下工事，扛着迫击炮、步枪和手榴弹，偷袭美军的阵地。战斗3个小时后，日军被歼灭。硫磺岛战役结束了。

此后，扫荡地下深处日军的战斗又打了2个多月，硫磺岛上的美军才真正安宁。

尼米兹计划5天占领硫磺岛，却激战了36天。日军被打死或堵死在岩洞中近2万多人。美军死亡6800多人，2.5万人受伤。

尽管日军以尽忠报国的决心，凭借密密麻麻的地下工事，在硫磺岛战役中使美军付出了高昂的代价，可是，美军最终占领了硫磺岛，为美军战略轰炸日本本土提供了空军基地和机场。

从此，日本就经常处于美机的轰炸之下。可见，盟军反攻的锋芒已经达到日本本土。最关键的是，占领了硫磺岛，就等于砸开了日本本土"内防御圈"南部关键部位的大门，为向日本发动进攻打开了通道，为下一步进攻冲绳岛做好了准备。

日本的门户大开

登陆美军向南扑来时，牛岛满派少数兵力在阵地附近活动，诱骗美军进入日军伏击阵地，再用强大的火力歼灭冲进来的美军。

1945年3月，美军占领了硫磺岛，盟军在太平洋的大反攻转入了尾声。冲绳岛成为美军的下一个进攻目标。

冲绳岛位于日本九州至中国台湾之间岛屿链的中点，距两地均为700公里。冲绳岛长为108公里，最宽处30公里，最窄处约4公里，总面积约1256平方公里。冲绳岛的形状像一条背部拱起的卧蚕，尾朝日本九州，头朝中国台湾。岛上森林密布，地形复杂，密布石灰岩洞，便于固守。

冲绳岛是琉球群岛最大的岛屿，距离日本九州350海里，是日本本土的南部屏障，又称"国门"。

在冲绳岛东北方向，九州岛有55个机场；在西南方向，台湾有65个机场；包括冲绳岛在内的琉球群岛有很多飞机跑道。日军将动用几千架飞机，发动致命的"神风"式自杀战术对付美军。

为了防止不幸的发生，尼米兹下令向九州各机场发动大规模的空袭。美舰队于3月18日和19日，对九州地区的机场、日本南部地区和濑户内海的日本舰队的残部，多次发动大规模的攻击。

对此，日军飞机发动了反攻，使"企业"号、"约克城"号等航空母舰受伤，"富兰克林"号航空母舰受到重创。

尼米兹下令在下关海峡一带布雷，并派舰队摧毁了九州地区日军的许多设施及交通枢纽。

美军计划 1945 年 4 月 1 日攻打冲绳，登陆地点位于冲绳南部西海岸的白沙海滩。登陆部队总兵力为 18.3 万人，出动 34 艘航空母舰、22 艘战列舰和其他舰只，参战舰船共 1457 艘。

牛岛满中将的第 32 军负责守卫冲绳岛，约 8 万人。日军还征召了壮丁约 2.5 万人。牛岛满主要在冲绳南部陡峭的山岗和峡谷部署了重兵。日军修筑了许多炮位、地堡、洞穴和秘密火力点，准备死守冲绳。冲绳之战被日军称为"天号作战"，决定着日本的生死存亡。

3 月底，美军为攻打冲绳进行火力准备。从硫磺岛、塞班岛、关岛和中国东部各机场起飞的美军轰炸机群轮番飞抵冲绳岛上空，对冲绳岛发动地毯式轰炸。

对冲绳进行轰炸的美国海军陆战队的 TBM 轰炸机

美军航空母舰部队，每天出动几千架次的舰载机，轰炸驻台湾和九州的日本空军基地和机场。从 3 月 25 日起，美军庞大的舰队，向冲绳岛进行登陆前的猛烈轰炸。几天内，4 万多发炮弹落到冲绳岛。与此同时，航空母舰上的舰载机出动了 3000 多架次。

整整轰炸了一个月，冲绳岛被浓烟和烈火掩盖。岛上的森林变成了灰烬，许多山峰被炸平。美丽的冲绳岛变成了一片废墟，面目全非。

与此同时，美军在冲绳南端的庆良列群岛登陆，几百名日军逃到山里躲藏，直到战争结束。美军俘获 250 多艘自杀摩托艇和 100 多条遥控鱼雷。美军立即建立修理舰艇的基地，在庆良列岛上架设大炮，直接轰炸冲绳岛。

美军蛙人队戴着护目镜，拖着炸药包，潜入登陆场岸边，进行水下爆破，破坏日军的水雷场和水下障碍物。

1945 年 4 月 1 日 6 时 20 分，美舰舰炮的巨大轰击声，惊醒了沉睡的冲绳岛。在 10 公里的登陆正面上，平均每公里正面落弹 1 万多发，是太平洋地区登陆战中舰炮火力最猛的一次。

7 时 35 分，舰炮停止射止。密密麻麻的美机对日军阵地进行扫射和轰炸，不断发射火箭弹。

8 时，美军登陆舰只黑压压地排开阵势，以水陆坦克为先锋，朝白沙滩头冲去。8 时 30 分，美军在冲绳岛西海岸登陆成功，没有遇到任何抵抗。

4 月 1 日正好也是愚人节，美军官兵不知道日军藏在哪里。日军称美军进攻冲绳是愚人节攻势，美军则称进攻冲绳是"冰山行动"。

下午，各部队继续登陆，向内陆快速推进。日军稍一抵抗便撤退。傍晚前，已有 5 万美军上岸了。登陆太顺利了，美军官兵反而感到紧张不安。

牛岛满中将知道日军的力量太弱，硬拼肯定吃亏，于是放弃"歼敌于海岸"的方针，采取"诱敌深入"的战术，引诱美军到南部山区决战。

美军先向东推进到达东海岸,又向北推进。10天后,美军占领了冲绳岛的北部地区。在南部,美军遭到了日军的顽抗。在南部山区,双方发生了激战。

美军登陆时,牛岛满藏在地下,不理不睬,只派少量日军守在瞭望哨里监视美军。登陆美军向南扑来时,牛岛满派少数兵力在阵地附近活动,诱骗美军进入日军伏击阵地,再用强大的火力歼灭冲进来的美军。牛岛满还趁黑夜组织反攻,使美军伤亡惨重。美军对日军无可奈何,攻势严重受挫。

几天来,美军进攻首里城堡的日军防线,都被猛烈的炮火击退。

4月19日,美军向日军发起进攻,日军躲在地下工事里顽抗到底。激战5天,美军向前推进几米。冲绳战役变成了人员、武器、弹药和补给品的消耗战。

当美军陆战队1师和6师占领了北部后,赶到南部地区。美军向坚守地下工事的日军发动了强攻。美军在舰炮和飞机支援下,轮番向日军阵地发起冲锋。最后,美军打开了一个缺口,靠近首里城堡的日军主阵地。

1945年5月8日,德国宣布无条件投降。美军士气大振,进攻首里城堡。5月27日,美军占领冲绳首府那坝。

5月30日,牛岛满率日军退守最南端,美军趁机占领首里城堡。

日军退到最南端的山崖和山洞后,美军稳扎稳打,开始了大扫荡。6月10日,在舰炮和飞机的支援下,美军发动了更大规模的扫荡。多次劝降,牛岛满都拒不投降。

与此同时,美军不停地向冲绳岛增派部队、物资和各种兵器,用重炮、坦克轰开日军固守的堡垒和洞穴,稳扎稳打。特别是美军喷火坦克更是立下了赫赫战功,顶着日军的强大火力,在山间往返,把凝固汽油弹射向日军堡垒和洞穴深处。

美军用喷火坦克把成群的日军烧死在堡垒和洞穴中。在进攻最后一块

美国"邦克山"号航空母舰在冲绳战役中被两架日本神风飞机击中

阵地时，许多日本妇女以各种各样的形式抗击美军。很多日军把手榴弹捆在腹部，钻入美军的坦克底下。

6月21日，美军占领冲绳岛最南端的荒崎。23日，牛岛满请人给自己理完发，喝干最后一杯威士忌，坐在距离美军阵地不足50英尺的洞口，用匕首切腹自杀。日军根据他的遗令，用刀取走他的头颅。参谋长长勇中将也在坑道阵地入口处切腹自杀了。

7月2日，冲绳战役结束了。日军死亡10.5万人，平民死亡10万人。这次战役，美军先后投入的总兵力达到54.8万人，死亡7613人，伤31807人。在战斗中，美军指挥登陆战的巴克纳尔中将被日军打死。

另外，几周内，1500架"神风"攻击机向美军发动10次集体冲击，美军34艘战舰被击沉，386艘美舰受创。

日本最大的战列舰"大和"号启航，朝冲绳美军发起自杀性进攻，准备用巨炮轰炸美国舰队，支援冲绳日军。

对此，美军集中飞机迎战"神风"特攻机，同时集中舰载机击沉了"大和"号战列舰。

美军在冲绳战役中伤亡惨重，但占领了冲绳岛，等于把日本的咽喉卡住了。冲绳战役使日本南部的门户大开，日本本土完全暴露在盟军的攻势面前。占领了冲绳，还切断了日本与台湾及其以南日占区的联系，从海上封死了日本。

冲绳岛战役使美国明白，如果美军在日本本土实施登陆，会面对大规模的疯狂抵抗。为了早日结束战争，美国继任总统杜鲁门作出了轰炸日本本土和使用原子弹的决定。

燃烧的日本列岛

东京市内下町地区是低收入者居住区，相邻的房屋间隔仅为1米左右，大部分是木板条建成，因此成为美军投放燃烧弹最佳的目标。

1944年上半年，盟军在中太平洋战场和西南太平洋战场接连取胜，使日本军民笼罩在失败的阴影中。在盟军发动海上大反攻的同时，美军开始从空中对日本本土实施战略大轰炸。

2月12日，第20轰炸机部队在司令肯尼思·沃尔夫的率领下，从美国向印度地区转场，又在中国建立了空军基地。

6月15日夜晚，68架轰炸机从成都起飞，轰炸日本九州帝国制铁株式会社的八幡钢铁厂，揭开了对日本进行战略轰炸的序幕。

7月8日，美国陆军航空兵又轰炸了九州西海岸的佐世保。美军采用的轰炸方法是常用的9至12架轰炸机编队进行白天高空轰炸，目标主要是钢铁厂、飞机制造厂、油库、炼油厂、造船厂和港口等。

美军轰炸部队仍然感到有点"腿短"，由印度加尔各答起飞的轰炸机，在成都加油添弹后飞往日本，或从成都直接飞往，其作战半径最远可到日本本州西部、九州及中国东北鞍山、沈阳和台湾等地。

美军陆军航空兵无法轰炸日本东京、名古屋和大阪等大城市，难以给日本的战争机器造成致命的打击。

此期间，美陆军轰炸机对日本本土的轰炸实际上仅进行了10次，总投弹量800吨，真正摧毁的只是几个重工业设施。

美国早就想租用苏联西伯利亚的空军基地，可是苏联还没有对日本宣战。

1944年7月，盟军攻下塞班岛，8月，盟军攻下关岛和提尼安岛，从此美军可以近距离轰炸日本本土。10月12日，美军第20航空队第21轰炸机部队进驻塞班岛。

11月24日，111架轰炸机由塞班岛起飞，扑向东京。这是自1942年4月杜利特尔首炸东京后的第二次。当天，东京上空浓云密布。就在美机飞抵日本的同时，100多架日军战斗机向美机扑来。美轰炸机上先进的操控装置能自动地控制航空炮的射击，打得日机无法靠近。整个轰炸过程中，美轰炸机只被击落2架、击伤11架。只有不到30架的轰炸机找到了预定目标，对目标的轰炸效果如同隔靴搔痒。

12月2日，14架轰炸机再次轰炸日本。随后，轰炸机的数量不断增多，轰炸东京、名古屋、神户、大阪、横滨等大城市，但主要轰炸目标中的大多数没有被摧毁。

1945年1月，柯蒂斯·李梅少将出任第21轰炸机部队司令。这时，第21轰炸机部队平均只有125架轰炸机可用，再加上从马里亚纳群岛到日本的航线上经常出现飓风，影响了轰炸的效果。

李梅经过认真研究，得出美军在欧洲常用的昼间高空精确轰炸，不适合对过于分散的日本工业目标进行战略轰炸。日本重要的军事工业目标集中在城市，日本城市的木结构建筑物较多、容易燃烧，如果改用燃烧弹效果会比高爆炸弹好。如果采用夜间轰炸，减少日军战斗机对美机的威胁，从而使载弹量从2吨提高到8吨。

为了证明这一观点，李梅要求机械师把飞机上的机关炮拆下来，大大减轻了飞机的重量，增加了载弹量。飞行员们知道后，以为司令发疯了。李梅指出，夜间进攻是奇袭，日军战斗机无法拦截，拆掉机炮能避免在夜空中造成误伤。

1945年2月4日，李梅出动70架轰炸机对日本神户发动了"实验性"轰炸，投掷了160吨燃烧弹。结果，这次轰炸的效果很好。

2月25日，李梅又进行了大规模的"实验"。25日，李梅出动172架轰炸机轰炸东京，投下450吨燃烧弹，竟然摧毁了2.8万幢建筑物。

飞过东京湾庞大的美军机群

第八章　日本的末日

不久，美国参谋长联席会议正式批准使用燃烧弹对日本的工业目标进行战略轰炸。

美海军太平洋舰队司令尼米兹召来第21轰炸机联队司令柯蒂斯·李梅少将，说："立即出动所有的轰炸机，把东京炸平！"

李梅回到关岛，制定了"火牛"计划。李梅命令334架轰炸机满载燃烧弹，飞到东京上空，进行战略轰炸。

东京市内下町地区是低收入者居住区，相邻的房屋间隔仅为1米左右，大部分是木板条建成，因此成为美军投放燃烧弹最佳的目标。

3月9日傍晚5时34分，334架轰炸机从塞班岛和提尼安岛起飞。夜间低空轰炸对美飞行员是个新事物，他们感到很不安。

几个月来对日本的轰炸，引起了日本平民对美军的仇恨，美军飞行员在起飞前被告知："如果你被击落，要想办法让日军俘虏，否则，日本平民会杀了你的！"

经过漫长的飞行，夜间12时15分，导航机飞临东京上空，朝下町地区投射照明弹。防空警报声响彻东京市区，日本防空部队还没有反应过来，两架导航机就以480公里的时速返航了，它们早已投下了一条"火龙"。

日军的防空炮火很弱，只有探照灯在夜空中胡乱摆动，日军战斗机一架都没有起飞。

日军还以为这是高空轰炸呢，因为日军战斗机对付美军轰炸机"心有余而力不足"。日军战斗机大部分是以5000米左右高度的性能设计的。当时，日本陆海军的高空战斗机，理论高度达到10000米左右，可是实际高度仅为8000米，对万米高度的美军轰炸机来说，日军战斗机无能为力。

日军第10飞行师师长吉田中将伤心地说："我军太落后了，如果我军战斗机能上升到12000米的高度，只需付出一半的努力，就能取得目前5倍的战果！"

再加上美军轰炸机强大的火力，日军用战斗机拦截美轰炸机，对日空军来讲难以做到。用高空防空炮是最好的办法，但是日军的高空防空炮很少，1944年底，东京只有高炮24门。

334架轰炸机在3个小时的轰炸中，向东京投掷1665吨燃烧弹，主要目标是长6.5公里、宽4.8公里的下町地区。睡梦中的东京市民吓得目瞪口呆，整个城区变成了火海。半小时后，火势越烧越大。

拥有几百万居民、面积341平方公里的东京市区，只有8000名消防队员，他们无能为力。在火海中，大人小孩就像没头的苍蝇，胡乱冲撞，就连躲在寺院和大庙中的人都因高温致死，跳进游泳池里的人们也被煮死。

瞬间，除了水泥柱、墙、电线杆外，人们熟悉的地方不见了，有些河道几乎烧干。到处都是死尸，很多死尸一丝不挂，像一根根黑炭。有些死尸的双手似乎在祈祷。还有很多人在睡梦中被高温熔化。

巨大的火球形成了风暴，温度高达1800华氏多度。空气中所产生的强热旋风从火海中冲上天空。正在空中投弹的轰炸机被热风吹得像巨浪中的孤舟，重达60吨的轰炸机稍不注意就会被卷入火海之中。

天亮后，东京军事救护队的9名医生和护士们赶到下町地区，他们惊呆了。在黑色的河面上，到处漂浮着尸体，许多尸体赤身裸体，黑得像木炭。根本看不清是男是女，分不清冲下来的是胳膊是腿，还是焦木头。

美机群进行轰炸东京时，"火牛闪击战"的总指挥李梅将军一直在担心。10日凌晨，美机群发回电报："已投弹，目标地区一片大火。东京已经不复存在，日本人在火海中伸腿展拳，烧焦的人肉味直扑座机。"李梅的司令部里一阵欢呼："感谢上帝！"

李梅连忙电告尼米兹。这次出动的334架轰炸机有320架成功返航，对这么大的战果来说，14架轰炸机的损失是无关紧要的。当然，日本平民的死，起初还使尼米兹将军的心中感到有些不安，毕竟谁都不愿当刽子手，但想一想日军的种种暴行，便心安了许多。

这场大火烧了四天才熄灭，由于美机得到不准轰炸皇宫的命令，天皇才得以携家人亲临火灾现场巡视。天皇看到摞起的尸山，不禁泪流满面。

日本政府经过调查得知，这次轰炸使40平方公里的一大片地区夷为平地，26万所民房被毁。美军选中的22个工业目标全部消失，东京工业区的63%毁于一旦，烧死8万人，100万人流离失所。

遭受打击最严重的是重工业，钢铁产量下降到2/3，飞机产量下降到1/3，船运业下降到不足100万吨，铁路和公路运输完全瘫痪。

天皇读完这份报告，心情十分沉重，立即召开御前会议。天皇俯视众臣，问道："到了今天，为了避免帝国臣民付出更大的代价，朕意欲与美国和谈，你们有何高见？"

陆军大臣阿南惟几说："依臣愚见，帝国失去仅为征服之土地，而还有几百万军队，如果全体臣民守土抗敌，一定能够战胜远征之盟军，不能与敌和谈，否则降低国民的士气。"

首相兼外交大臣铃木贯太郎说："帝国虽在本土作战，但资源匮乏，

被夷为平地的东京市区

无法持久作战。不如一边抗敌，一边寻找中间人，先恢复和平，等来日再战。"

近卫说："美国怎肯答应停战？不能听信和谈，降低国民的士气。"

首相铃木说："想当年，明治天皇面对三国欺压，被迫把清朝辽东半岛返回清朝，抱卧薪尝胆之志，不足10年，即打败了俄罗斯帝国。今我们应该效仿明治天皇，待来年再报仇雪恨。"

参谋总长梅津说："听说美国总统罗斯福刚死，其死乃天照大神显灵的结果，帝国可以趁美国丧主的机会，坚决反击。如果战败，再求和不晚。"

3月10日夜晚，美军出动313架轰炸机轰炸名古屋。上千吨燃烧弹使这座现代化的工业城市受到重创，飞机制造厂变成废墟。接着，大阪和神户也遭到大规模的轰炸。

5月26日，美军出动500架轰炸机对东京进行燃烧弹轰炸，投下4000吨燃烧弹。

5月29日，美军出动450架轰炸机轰炸横滨，投下3200吨燃烧弹，横滨市区完全从地球上消失。

自3月9日至6月15日，美空军对东京、川崎、大阪、名古屋、神户和横滨共发动了17次轰炸，出动轰炸机6960架次，投下燃烧弹4万吨。

6月15日，李梅的轰炸被迫暂停——马里亚纳群岛的燃烧弹已经投光了。

1945年7月，美军第20航空队拥有5个轰炸机联队，21个轰炸大队，923架大型轰炸机，它们全部从马里亚纳群岛起飞。

8月14日，美军出动833架轰炸机对日本进行最后的轰炸，也是规模最大的一次。

美军对日本的战略轰炸长达14个月，轰炸行动主要集中在最后的9个月。美军向日本投弹16.08万吨，损失了697架飞机。

另外，美轰炸机群为了支援海军的行动，在日本群岛空投了1.2万颗水雷，日本列岛变成了孤岛。因触水雷而沉没的日本船只达800万吨左右。日本在海面上的运输船只到1945年8月降低为150万吨，8月底，轰炸和封锁使日本的生产停顿。战略轰炸摧毁了日本的战争机器，摧毁了工业基础，是日本无条件投降的重要原因。

根据日本政府的调查，大规模的轰炸使日本伤亡55万人，800万人流离失所。日本军事工业受到重创，仅航空工厂就被摧毁60%，飞机产量由1944年的月平均2300架下降为1945年8月的200架。

核击广岛、长崎

成千上万的居民被高温与强光变为蒸汽，尸骨无存。侥幸逃生的人痛苦难当，其中很多人的眼睛只剩下两个空眼眶。几秒钟内，广岛已有7.8万人丧命，8万栋房屋被摧毁。

冲绳岛之战使美军伤亡惨重，日本是群岛国家，每个岛屿都有日军坚守。如果攻下整个日本，美军的损失将是个天文数字。想到这里，尼米兹连忙向马歇尔报告。

马歇尔接到尼米兹的报告，也感到事态严重，去找总统杜鲁门。杜鲁门笑着说："我的将军，别担心，我已经有了新式武器。"

马歇尔问道："原子弹？"

杜鲁门说："对，我现在考虑的不是日本人投降的问题，而是苏联会成为我们自由世界的最大敌人。"

"可是，使用原子弹，苏联会对我们怎么看？世界各国会对我们怎么看？"马歇尔不禁担心起来。

杜鲁门说:"我是说只是让日本人尝一尝原子弹的滋味,好了,明天召集有关人士开会讨论吧。"

第二天,白宫对此展开激烈的争论。

史汀生说:"日本战败的局势不可扭转,但日军在每一个战场上表现出来的顽固性,使日本投降的过程变得更加漫长。使用原子弹,能够缩短日本投降的过程,大大降低美军的伤亡。"

科学家罗伯特·奥本海默说:"我们应谨慎行事,是否可以通过空中封锁,使日本人投降。"

杜鲁门说:"应该问问空军的意见,您说呢,阿诺德将军!"

阿诺德说:"我们曾对德国轰炸了一年多,最后还是陆军迫使德国投降的。"

杜鲁门说:"如果我们再拖延下去,苏联人会抢先一步,苏联可是比日本更强大的对手。"

总统顾问埃德温·莱顿说:"在日本,天皇具有至高无上的权威。但

杜鲁门和麦克阿瑟

是，即使天皇下令停战，日本人也不会服从。除非天皇能够用事实向日本人证明，不投降，日本就会毁灭，而原子弹就能提供证明。"

原子弹专家詹姆斯·科南特问："能不能先给天皇写封信，讲明若不投降，美国会动用原子弹呢？"

金上将说："不行，不能先捅出去！这是战争！"

杜鲁门说："我不打算将这些耗费近30亿美元而且能拯救美军生命的炸弹弃而不用。根据战争的需要和美军的安全，我决定对日实施核作战。"

杜鲁门决定向日本动用原子弹，主要有三大目的：一是迫使日本投降；二是抵消苏联出兵远东的影响，与苏联抗衡；三是向全世界示威，以便按美国的要求对世界做重新的安排。

从7月27日至8月1日，美军的航空队向日本各大城市上空散发100多万张传单和300多万张《波茨坦公告》。美军警告日本人，说日本人将受到人类有史以来最猛烈的轰炸，除非日本无条件投降。日本政府没有表示接受《波茨坦公告》的任何迹象。这样，美军根据原定计划使用原子弹。

1945年8月6日凌晨，在提尼安岛机场，几十名军官在机场望着那架装有原子弹的B-29型轰炸机。

2时45分，3架轰炸机滑出跑道。飞到4000米高空后，帕森斯与助手杰布逊在原子弹尾部装上炸弹引信。

升入9000米高空，蒂贝茨向全体机组人员宣布："机上携带的是原子弹，任务重大，望大家各就各位。一旦进入日本领空，所有谈话均被录音。"机组人员这才明白弹舱里携带的原来是原子弹。有一个秘密，蒂贝茨没有说出来：在他的口袋中有一只金属盒，里面装有毒药——氰化胶囊。阿诺德下令，遭遇不测时，为保守原子弹的秘密，机组人员必须从两种自杀方式中选择一种：手枪或者毒药。

8时9分，"依诺拉·盖伊"飞抵广岛上空。

广岛位于日本本州岛西部濑户内海北岸，濒海倚山，风光无限。从高空俯瞰，拥有30多万人口的广岛，高楼林立，街道宽阔，居民似乎已经习惯美机光顾。

13分30秒，投弹手托马斯·费里比少校在3万米高空寻找广岛市中心的相生桥。

14分47秒，费里比少校瞄准了相生桥的中心位置。

15分17秒，轰炸机的弹舱门自动打开，细长的炸弹尾部向下坠落。蒂贝茨上校驾机作了转弯俯冲的动作，接着飞机似离弦之箭，以最大速度向前急射猛冲，摆脱原子弹的巨大威胁。

全市响起了防空警报声，广岛人抬头看见来袭的美轰炸机只有区区3架，不屑一顾。突然，天空闪现出一个直径110码的大火球，挂在广岛上空600米处。惊天动地一声巨响，巨大的蘑菇云升起。

在10亿度高温和强大冲击波的作用下，爆心的一切建筑物全部被摧毁。成千上万的居民被高温与强光变为蒸汽，尸骨无存。侥幸逃生的人痛

1945年8月6日，在广岛投下原子弹后升起的蘑菇云

苦难当，其中很多人的眼睛只剩下两个空眼眶。几秒钟内，广岛已有 7.8 万人丧命，8 万栋房屋被摧毁。

许多没有直接受伤的人，几天后恶心，接着呕吐、发烧，在几周、几个月或者几年中死去，他们血液中的白血球几乎消失，骨髓坏死，喉头、肺、胃及肠粘膜发炎。许多孕妇生出了怪物。

蒂贝茨兴奋地命令发电报捷，却听不到机组人员的任何回答。机组人员呆呆地望着广岛，喃喃地说："我的上帝，我们都干了些什么！"

在接到捷报后，杜鲁门大声说："这是最伟大的事件，我们战胜了一切！"随后，杜鲁门把预先拟好的声明向全世界宣布：

那是原子弹，这股连太阳都要从它那里吸取动力的力量已被释放到发动罪恶战争的日本法西斯身上。7 月 26 日，我们在波茨坦发表向日本最后通牒，为了使日本国民免遭毁灭。但是，日本政府拒绝了最后通牒。如果他们仍不投降，同样的打击会雨点般地从空中落下来，那将是毁灭！

8 月 9 日，美国的轰炸机又向日本长崎市中心投下了第 2 枚原子弹。这是一枚威力更大的原子弹，尽管长崎市山峦起伏的地形大大抵消了原子弹的威力，仍有 2.6 万人当场丧命。

日本天皇无条件投降

9 月 2 日 9 时 4 分，在美国军舰"密苏里"号上，麦克阿瑟代表盟国主持了受降仪式。日本外相重光葵代表天皇、梅津代表日本政府签署了投降书。麦克阿瑟代表盟军在受降书上签字。

日本政府接到广岛遭受威力巨大的炸弹袭击，正不知为何物。突然，传来美国杜鲁门总统的声明，才知道美军动用了原子弹。

陆军大臣阿南对众人说:"美国不敢再使用这种不人道的武器了。"

首相铃木对众人说:"日苏之间正在谈判,只要先稳住苏联,帝国又多了百万关东军,能够抵抗美军的进攻。"

但是1945年8月8日,苏联对日宣战。次日凌晨,苏军航空兵对中国境内的东北驻军实施空袭并很快出兵进入满洲里攻入山海关。中国共产党领导的抗日武装举行全国性大反攻,配合苏军作战,威逼关东军投降。铃木听后,知道以苏联为中间人体面地结束战争的希望完全破灭了,"大和"帝国大势已去。

8月9日,美军又在长崎动用了原子弹。

天皇下旨入宫商议危局,铃木偕满朝文武赶到。

天皇问道:"近几天,美国人连续两次使用原子弹,使帝国臣民伤亡惨重,苏联人不讲信誉,进攻关东军,为了避免帝国遭到毁灭,朕欲仿效明治天皇受到三国欺压时的做法,先接受《波茨坦公告》无条件投降,卿等意下如何?"

众文武百官都不说话。铃木只好说:"以目前的时局,只能接受盟军的一切条件。"

阿南说:"我也认为可以接受盟国的公告,可是必须提出条件,维护大日本帝国的尊严。"

天皇问道:"有什么条件?"

阿南说:"盟国必须保证皇宫的地位和安全;保证帝国驻外军队的安全回国;战犯由帝国自己处理;不准占领军进驻日本本土。如果盟军不同意,臣等愿誓死战斗。"

梅津说:"我也同意阿南君的意见,目前本土决战已经准备好了。不能放弃给盟军以重创的机会。若无条件投降,日后有何颜面去见那些阵亡的将士。"

丰田说:"我也赞成阿南君和梅津君的意见。我军已有准备,不能不

裕仁天皇召集众大臣讨论如何回应盟国提出的日本必须接受《波茨坦宣言》

给敌以重创而无条件投降。"

天皇拿不定主意，宣布退朝。

8月10日，天皇召集众臣讨论，铃木恳请天皇早日决断，宣布无条件投降。天皇留下铃木一人，命铃木立即通过瑞士和瑞典与盟国联系，若接受日本提出的条件，日本将接受投降。

皇弟高松宫拿着报纸闯进皇宫，大喊："阿南与梅津联名发表《告全军将士书》，说'只要坚持作战，日本仍能置之死地而后生'。"

天皇听了，心情郁闷。两天以后，一架轰炸机飞到东京上空。散发传单，上边写道：

"日本军民，天皇已经提出投降的条件，而你们有权利知道天皇提出的条件以及美国、中国和苏联所作的答复。你们现在有了结束战争的机会。"

木户看完传单，马上进宫说："美国人把陛下欲降的事情公布于军民，这对没有思想准备的军民是沉重的打击，恐怕会引起叛乱，望陛下早日决断。"

天皇立即召开御前会议，不顾军队的反对，决定投降。天皇说："如果再打下去，结局会使日本变成焦土，使亿万人民遭受涂炭，朕于心不忍，对不起祖宗的英灵，决定无条件投降。"

天皇哭道："若有朕应做的事情，朕在所不辞。"

满朝文武失声痛哭。铃木哭道："臣遵旨马上草拟诏书。"

阿南、梅津、丰田和大西泷治郎回到寓所后哭个不停。作战参谋长天野正一说："哭有什么用？不如干掉主和派，攻下皇宫，继续作战。"

梅津听了，等待阿南发言。可是阿南却不说话，梅津失望地对天野正一等人说："算了，你们不准做出大逆不道的事，败坏了军人的名声。"

几位青年官兵气呼呼地走了。军务局参谋椎琦二郎、畑中健二跑到皇宫近卫第1师团司令部驻地，求师团长森纠中将举兵攻占皇宫。

森纠说："我也不愿意投降，但我不想落个不忠不义之名，你等先杀了我再造反吧。"

"密苏里"号上的投降仪式

椎琦等人没有办法，杀了森纠，宣布伪诏书，率近卫第1师团控制了皇宫。田中大惊，率军赶到皇宫保驾。椎琦等不愿被俘虏，当场自杀。

天皇听说后，担心外地不知真相的日军叛乱，忙派皇族到各地传达圣旨。

阿南回到家里，燃香沐浴，换上天皇赐给的衬衣，走到走廊下切腹自杀。

8月15日，天皇听说阿南自杀，派人慰问阿南的家属。中午12时，天皇通过广播电台向日本下达停战诏书：

"朕深鉴于世界之大势与帝国之现状，欲以非常之措置，收拾时局，兹告尔忠良之臣民。朕已命帝国政府通告美、英、中、苏四国，接受其联合公告……"

同时，杜鲁门宣布停止一切敌对行动。太平洋战区的所有盟军和被侵略的国家，都沉浸在欢呼之中。

8月30日14时5分，杜鲁门总统授权麦克阿瑟飞抵日本，接受日本投降。美国不顾《波茨坦公告》的有关规定，排斥其他盟国，单独控制和占领日本。美军46万人进驻日本，控制了日本各大城市和战略中心。

太平洋战争的胜利，加上苏军入关作战，消灭100万关东军，对中国抗日战争的最后胜利起了促进作用。

9月2日9时4分，在美国军舰"密苏里"号上，麦克阿瑟代表盟国主持了受降仪式。日本外相重光葵代表天皇、梅津代表日本政府签署了投降书。麦克阿瑟将军代表盟国在受降书上签字。这标志着第二次世界大战胜利结束。

随后，美国、中国、英国、苏联、澳大利亚、加拿大、法国、荷兰和新西兰等国的代表，也先后签了字。

美国为了自己的利益和从占领日本的政治需要出发，首先包庇了日本"二战"时的元凶裕仁天皇。独裁的美国独揽大权，还包庇了一些极为重要的战犯，造成一些很重要的战犯没有得到应有的惩罚。

蒋介石政府为了利用日军力量进行反共内战，竟判处冈村宁次无罪，全国舆论大哗，连冈村宁次本人都感到受辱。

"神风特攻之父"的大西泷治郎在这天晚上切腹自杀。前首相近卫文麿担心成为战犯，只能在狱中度过余生，服毒自杀了。参与策划太平洋战争的陆军元帅杉山元用手枪自杀了。

日本投降后，许多法西斯分子都用死来报效天皇。9月11日，美军来到东条英机的寓所宣布对他逮捕时，东条英机试图用手枪自杀，但他的枪法太蹩脚了，子弹竟没射中心脏。他遭到了日本人的嘲笑和斥骂，而且也没有逃脱法律裁决的绞刑。

到1953年时，麦克阿瑟释放了关押在日本的全部战犯。